いっとかなあかん店京都

バッキー井上

140B

装丁・デザイン・地図　中村健（モ・ベターデザイン）
地図挿絵　勝部ともみ
表紙・扉イラスト　長友啓典
写真　打田浩一
　バッキー井上（食堂おがわ、Vinaino、焼鳥おこし、スナック夜汽車、ビートルmomo）

セコスタンスときつい旅。

「セコスタンス」という言葉は私が京都の川端二条の居酒屋で飲んでいるとき「セコくてすみません」と言いながらポン酢のネギをおかわりした瞬間にいきなり現れた。

「セコい」というのは小さいとか細かいとかケチなことだけではなく、街や店では「セコい」という構えを取ることで微妙なゴキゲンをより見つけることが出来る素敵な構えなので「セコスタンス」という呼び名を勝手につけた。

毎日のように行くうどん屋で品書きを見てきつねうどんと衣笠うどん（お揚げを玉子でとじたもの）の値段の差について考えてしまってなかなか注文が出来ないこともあるし、定食屋では食べたいものより今日のその店で何を注文すれば得かを優先してしまう時もある。

居酒屋ならその場の空気を感じてまずはそれに沿うようにし、酒はその店のスタンダードなものを注文しながら塩と旨味と匂いのあるもので腹のふくれないものを探し、過ぎる時間をアテにする。確かにセコいだけなのかもしれないがセコい構えを取らないと街の店は楽しくないのだ。

例えば店で飲んだり食べたりしたものの合計をいつも暗算しているわけではないが、勘定をした時に思ったより高ければ外に出てから店に好かれなかった気がするし、安ければ何だか店から求愛を受けたような気になれることもセコスタンスであるからだ。

数年前から注文した料理の写真を撮る人が多くなったけれど、私はその料理から必ず何かがなくなり美味しさも減るので写真を撮らないし、店の入り口が開いて誰かが入ってくるとつい入り口を見たくなるが、視線をそこにやると店に漂っているゴキゲンの微粒子が減るので強く意識して見ないようにしているのも、京都の街で培われてきたセコスタンスのおかげ。

飲むや食べるという約束は出来るだけ当日に決めるか行きがかりじょうに限ると宣言することや、目的の店に行ってみると臨時休業の張り紙が出ていてがっかりした瞬間に「残念こそ街のご馳走や」などとうそぶくことができるのも鍛えが入ったセコスタンスの証し。

加えていうならセコスタンスの感覚に乏しい方と飲みに行ってその方が全部支払いをしてくれたとしてもあまりおもしろくないのが正統なセコスタンスだと思う。だからセコスタンスはきつい旅も求めてしまうのだ。

「きつい旅だぜ　お前にわかるかい」は矢沢永吉の「トラベリン・バス」の中

のフレーズ。仕事でいくらきついときでもこのフレーズを口ずさむことはないが、このところずっと飲み続けなので今日こそ早く帰ろうと思っていた時に憧れの先輩と偶然に出会ってチョット飲んでしまい、先輩に「もう一軒いこか」と言われた時にこのフレーズが出る。

セコスタンスでなければ「今日は帰ります」で済むけれど、その日その場の、その酒の一期一会に細胞が反応する人達は「きつい旅だぜ　お前にわかるかい」とココロで口ずさみながらも「行きましょう」と弾ける笑顔になるのである。

そして、きつい旅をわかって欲しいけど簡単にわかられたくないと地団駄のステップを踏みながら次の店へ向かうのである。まさにきつい旅だ。あー、というしかない。

目次

いっとかなあかん店京都

酒場のことは夢まぼろしだ

街のご馳走は過ぎていった時間だ

人は歌にやられる。ましてや京都

Snack Special

〈西木屋町四条〉

喜幸

喜ぶに幸と書いて「きいこ」と読む。

先代のご主人がおられる時と店の雰囲気がほとんど変わらない。なんだかとても大らかな感じがするのは私だけではないはずだ。女将さんの表情を見るだけで酒がうまくなる。そして店にあるすべてのものが語りかけてくるようだ

これさえあれば何もいらないの代名詞でもある［喜幸］のお揚げ焼き。賀茂ねぎと醤油でエンドレス飲める

おかみさんが鴨川で獲ってこられたハエジャコの揚げ物。苦みがなんとも絶品で酒がほんとうによくすすむ

四条から西木屋町を下がって団栗あたりの路地の中にあるこの店ははっきり言って私の切り札だ。

看板には「湯どうふ」とあるがここは酒をいい肴で飲ませてくれる店。ずいぶん長く通っているがほとんど宵の口の五時台か六時台にしかこの店へ行ったことがないというのは酒飲みの才能が昔から私にあったからだろうか。

先代のご主人はゲーリー・クーパーのような渋いお顔をされていたがいつも笑顔だった。今もご健在のおかあさんがカウンターに立たれていた時はふくよかでどこか気が和んだ。

現在はお父さんの意を継いだ娘さんがおかみさんになり、黒帯のお客さんが多い店ながら飄々と切り盛りされていて、「喜幸」はとうとう最高の店になった。

がらがらと戸を開けて店に入ると設えから品書きの字や置かれている小物まで全部に神経が通い酒飲みをわくわくさせる。

カウンターの端に置かれた水槽にはたくさんの小魚が素早く泳いでいてキラキラしているのも圧巻。水槽の中の魚はおかみさんが店からすぐそこの鴨川で獲ってこられているハエジャコ（ハヤ）などで、常時五百匹以上いる。

十月から年末までは投網でそれ以外の時期は一匹ずつ釣られたものだ。その場面を思うだけで酒が飲める。

おかみさんに鴨川のことを振ると「寒バエがおいしいねんけどねえ、鴨川もきれいになりすぎて水路のようになって澱んだとこがなくなって魚が住みにくなったんやろねえ、だいぶ少ななりました」

少し前までカウンターにおられたふくよかなお母さんの笑顔を見るとうれしくなる

とさびしそうな顔をした。

　豆腐は先代のご主人の実家だった隣の豆腐屋さんのもので、それにヨダレたっぷりの賀茂ねぎを盛るように添えると湯豆腐も冷奴もお揚げ焼きもご馳走になる。

　水槽のハエジャコを揚げてもらうと小さなヒレまでピンと立っていてまるで泳いでいる姿のままでいただくのが惜しくなるほどだ。また寒バエのハラの苦みが酒に合う。

　そしてこの店には、このわたもコッペ（せこがに）もくもこ（鱈の白子）も目板ガレイもあるところが尋常ではない。

　私はこの撮影を申し込むために飲みに行って改めてこの店を見て感じて「もうあかん」と思った。そして黒革の手帳にもう一度、喜ぶに幸と書いた。あー。

喜幸

この店に行くと注文したいものがたくさんあるけれど我慢してあれもこれも頼まないようにしている。ゆっくり飲みたいが長居もしないようにしている。それはどちらも勿体ないからだ。そんなことを思わせてくれる素晴らしい店だ。

●京都市下京区西木屋町四条下ル船頭町 202
☎ 075-351-7856
17:00 〜 22:00　月･火曜休　地図 P174

この暖簾の柄さえも人をシアワセにする。さあ入ろう

〈木屋町二条〉

割烹 やました

夕立と宵の口の焼き霜。

好きなことがある。それは初夏から夏の終わりにかけての、日が長い頃の宵の口に飲む酒だ。

酒が好きなのではない。まだ外も明るい宵の口に暖簾をくぐって飲むことが好きなのだ。

もちろんそれが好きなのは俺だけではないだろう。それを愛する人は多いはずだ。酒を飲む時間、酒を飲ませてもらえる場、これでいいのかという迷いのある自分、この黄金の三点セットが揃いやすいのが宵の口のそれである。

京都で暮らしている俺にとってのそれは、上木屋町の「やました」という割烹で宵の口から焼き霜をいただいている時。

よくいこった炭鉢がカウンターの前に置かれる。捌いて骨切りしたばかりの鱧をお店の方がこちらの食べるスピードと酒の間を見て焼いてくれはる。「焼いてくれはる」のである。

「料理をしてくれてはる」ということを我々はもっと感じて飲まなければならない。「そう思わへんかったらバチがあたるで」と三十年前に死んだおばあちゃんに言われそうなほど俺は横着になっているのか。

けれども俺は液体的な求め方はしてもスクエアな求め方はしない。お金を払ったから予約をしたからその要求に見合うものをきっちりと出しなさいというようなスタンスに決して勝利はない。シアワセはない。そう思っている。

あー、宵の口の焼き霜の話だった。ある年こんなことがあった。

祇園祭の神輿洗いの頃の夕方にどしゃ降りの雨、いわゆる夕立が降って予定していた行事がなくなってちょっと間が出来たので、たまたまその時に道中していた奴と「やました」に行った。

夏、夕立、雨の匂い、予定変更、たまたま道中していた相

骨切りをした直後の鱧をこちらの食べるペースの加減を見て焼いてくれる。ほんまにうまい。これこそご馳走だと思う

手、上木屋町、やました、カウンター、ビールと酒、いいのかこれでと迷いあり、そして焼いてくれはる焼き霜。もうあかん。あかんあかんて。そうなった。

写真は割烹「やました」のご主人が焼き霜を加減よくしてくれている図。この店のカウンターはいつもあたたかくて心地がいい。ご馳走というよりシアワセだ。

割烹 やました

暖簾をくぐりカウンターに陣取り何をいただけばいいかのやりとりをするのもシアワセな瞬間だ。水槽の中の魚や大皿に盛られている貝や松茸や旬の食材を見てどんどん贅沢になる。焼き霜のあとの炭を見ると何か焼いてほしくなる。

●京都市中京区木屋町通二条下ル
☎ 075-255-5445
11:30 ～ 14:00 16:00 ～ 22:00
（7･8 月のみ 17:00 ～ 23:00）
月曜休　地図 P174

この店はまるで絵画のような美しさを秘めている。だから酒の好きな者が集うのだ

〈川端二条〉

赤垣屋

宵の口の赤垣屋と、
片付けが始まった赤垣屋。

宵の口。

この店には初夏から夏の終わりまでの夕方に行くのが好きだ。

開店時刻の5時を目指して用事や仕事を段取りする。けれども5時ぴったりに行くのはチョット避ける。その時間の「赤垣屋」に行きたいのだけれど必死に思われたくないのだ。

夏の、宵の口の「赤垣屋」は引き戸が開けてあるので、縄のれんをくぐったところの入口に近いカウンターに座る。この店の奥は俺の席ではない、昔からそう思っている。

ヒヤとアテをひと品だけ注文して何も考えられなくなる。本当に何も考えられなくなるのだ。コップ酒を飲む。うまいなと思ったその瞬間、ビールを先に飲めばよ

この店には小上がりや部屋や階段の登り口のスペースなど魅力的なところが多い

かったかと後悔する。これはどういうことなんだろう。何も求めなくなっているのか。

　川端通を走るクルマの音がする。店には店の音がある。「赤垣屋」は、お客さんが入ってこられると店全体がピクッと小さく起動してすぐにまた心地よいノイズの平穏であたたかい空気に戻る。そして俺は首筋あたりをかいている。蚊に刺されたのだ。そんなことさえ素敵な瞬間だと思ってしまうほど器量のある店だ。

　コップの酒が減っている。もうひと品なにか注文して酒を飲み干す。平日の夕方、次の予定がない。注文した酒と肴だけを待っているシアワセな男がいる。シアワセは伝染する。お勘定をすると太い声のご主人が注文したものをひとつずつ読み上げてくれる。有り難い。

おおきにと言って店を出れば少し暗くなった鴨川と疎水がある。シアワセだったけど振り向かないで二条の橋を渡る。この立地も含めて「赤垣屋」なんだろう。いい時代に暮らせてる。そう思う。

仕舞いがけ。

　俺の場合、居酒屋の閉店時間にいることは滅多にない。大抵は宵の口の開店時間に行くことが多い。たまに遅がけから居酒屋で飲み始めてもラストオーダーというか店が片付ける気配を出し始めたら尻がモゾモゾしてくるのですぐに勘定をしてどこか遅くまでウイスキーが飲める店に行く。

　しかしこの夜は俺ひとりが残った。早い時間から空きっ腹のままバーで飲んでいて遅がけから好きな居酒屋に行くという逆モーションになったのは、単に酔うてしもたからだ。

一杯だけ飲むつもりで行ったバーにセルの牡蠣があった。帰ろうとしたところに街の先輩が何人も現れた。そのうちに弾みがついてきてそのバーでストーンズのハーレムシャッフルがかかった。そして俺は海の藻屑となりかけたのでひとりで佇めるいつもの居酒屋に逃げ込んだのだ。

街の酒場は浅瀬の岩場とよく似ている。満ち潮引き潮で表情が異なり、入り組んだ岩場に多様な生き物が独特な色や形、武器や隠れ方を進化させてそれぞれの場所で棲み、生き延びている。街の匂いがする居酒屋もまた時間によって雰囲気が変わりカウンターの端や板場前や小間など人それぞれ飲み易い場所がある。そしてその場所こそ生き物の本能が探し当てたところなのである。大層ではなく俺はそう思っている。

この夜、逃げ込んだ居酒屋もとうとう店の人が片付けモードに入ったけれど店に甘えるように俺はもう一本酒をつけてもらった。帰りたくない。この店から出たくない。そんな夜があってもいいじゃないか。いろいろある。いろいろあるから街にたくさん店があってくれる。眠れば明日になるので勿体ないだけだ。居酒屋でラストオーダーを聞かれるようになったら翌日せつなくなる。

全部許して飲もうじゃないか。と以前書いたことがある。酒場では些細なことが全てではあるがなかったことに出来る凄さもある。「銀が泣いている」である。

赤垣屋

ぶらさがりの裸電球とカウンターと樽酒とおでんの湯気が立っている。飲まれている方の声のトーンも黒帯な感じがして飲みやすい。奥には幕末の志士が出てきそうな部屋や小部屋もあり飲んで語る時にもよく使う。魚も焼鳥も付き出しも加減がよく酒が飲みやすい。私の場合、一人で4,000円くらい。

●京都市左京区川端通二条下ル孫橋町9
☎075-751-1416
17:00～23:00
日曜と、日曜に続く祝日休　地図P174

どの肴も店の気が入っていると思う。これは茄子の煮物

〈裏寺町四条〉

居酒屋 たつみ

結論は丸干し焦げ焦げ。

俺が約四十年飲み続けてきた結論は丸干し焦げ焦げである。だとするなら若き日の俺はかなり酒飲みの才があったということになるというか読みが深い。

チェーン店でない今で言うところの「おっさん御用達」の裏町の居酒屋に行き始めたのは俺がハタチ過ぎの頃だった。

まだビールを勢いよく飲めていた頃で脂っこくて塩のきいた焼き

数十年かけて到達した丸干し焦げ焦げ。焦がして欲しいと注文するくらいではこうはならない

物や揚げ物を流し込むように飲んでいた。

　そのうちにビールより日本酒の方が格好いいと思い始め、裏町の居酒屋では近くで飲んでおられるおっさんと同じ酒の肴を注文して飲んでいた。

　お揚げ焼きとかじゃこと大根おろしとか板わさとかを頼んでいたがどれも物足りなかった。そんな中で丸干しだけは俺の心をギュッとつかんだ。そして酒がうまくなった。それからはどこに行っても熱燗と丸干しを注文するようになった。

　立ち飲み屋のカウンターで出てきた丸干しをジッと見つめながら酒を飲んでいると、昨日の反省をやめ、明日の不安を忘れ、そこにある喧噪に身も心も溶かせてしまえと本能が指示をしてくる。それは心地のよい時間だ。けれども丸干しの苦さが「溶けたらあかん、ダランとせんとシャキッと飲んでくれ」と背筋を伸ばさせる。苦みが酒に合い、頭が冴えてグッと飲む。そうしているうちにわがままを言って丸干しを少しずつ焦がしてもらうようになった。

　それから数十年経って、今では丸干しなのか炭なのかわからないくらい真っ黒になるまで焼いてもらえるようになっている。

　今ではこのくらい焦げ焦げに焼いてくれるが、ここまで焦がしてもらうには随分年月が必要だった。丸干し焦げ焦げは店との戦いでもあるのだ。丸干し焦げ焦げ五匹で三百円、極めて上等だ。

厨房の奥から出来上がった料理を伝えるご主人の太い声が聞こえてくる。いつもニコニコしているお母さんが受ける。下は生のごぼてん。実にシンプル。どちらも最高の酒の肴だ

居酒屋たつみ

30年ほど前は［万長酒場］だった。その前は［しのぶ湯］という銭湯だった。入口が二つあるのも男湯と女湯の入口のなごり。立ち飲みとテーブル席がある。この店を大事にされている方は無茶苦茶多い。裏寺の守り神といっても過言ではない。

●京都市中京区裏寺町四条上ル中之町572 しのぶ会館1F
☎075-256-4821
12:00～22:00
木曜休　地図P173

菊水マッチ
KIRIN BREWERY CO
LAGER

〈千本下長者〉

江畑

何もかも染み込んだ店に、
今宵も焼肉の花が咲く。

写真には負ける。というか［江畑］の親父さんがカンテキの面倒をみている情景のこの瞬間が切り取られここにあることで文章は不要だと思えてしまう。それだけこの写真が物語っている。

随分前になるが千本の街のど真ん中にあるこの店のことを「俺はスナック江畑だと思っている」と書いた。特別な肉やスペシャルなタレに惹かれて通うのではなく、［江畑］の店の中に漂っている人の気配や脂が染み込んだ壁や品書きの札、長く使い込まれてはいるが毎日磨き上げられたカンテキやダクトの鈍い輝きが俺を誘い込む。

その設えの中に親父さんがいる。片笑いがニヒルな若主人がいる。いつまでもキレイな女将さんがいて個性的な若者達がマニュアル無用の直感でイキイキと仕事をして

この日は写真を撮らせてもらうため親父さんが現れやすい席に座りたかったので頑張って開店時間に行った

焼肉を食うより［江畑］に行くがこの店を味わう基本

漬物屋の俺が必ず注文する自家製のどぼ漬。うまい

いる。まるでショーケン（萩原健一）が肉を切っているように見える俺の先輩もいる。

この店に行くときは男とでも女とでも必ず二人で行く。しかも五時の開店時に行くか少し遅い目にするのも親父さんが現れやすいカウンターに陣取りたいからだが贅沢は言わない。カウンターにずらりと並んだどのカンテキでも気の利いた若者達が焼きの面倒を見てくれるので、入れたらどこでもいい。そして俺は肉の世話から解放されるのでただ焼き上がった肉を食いながら目の前の酒をコクコク飲み続けるだけだ。

いつもこう注文する。酒、ドボ漬、生センマイで、ロース焼を大根おろし醤油でいただき酒が進んでからタレ編に進む。タレ編に突入すれば白ごはんを即注文するのは必須だが食うのは最後。タレにまみれた肉を白ごはんの上でトントンしてタレを切れば白ごはんの上に焼肉の花が咲く。それでも酒を飲み続け最後に九条ネギとギャラの花をカンテキに咲かせてから白ごはんを一気に食べるのだ。あー、倖せはここにと歌いたい。

加えて［江畑］は泣くも笑うも肯とする店の息遣いがある。この街で暮らしてきてよかったと思う。

江畑

いい店や美味しいものは作れてもどこから伝わってくるのかわからない「情緒」というものはそうそう作れない。千本の空気や暖かな情緒を伝えるこの店は宝だ。

●京都市上京区六軒町通下ル長者町東側四番町 148-1
☎ 075-463-8739
17:00 ～ 22:00（L.O.21:00）
水曜休　地図 P176

〈木屋町二条〉

BAR K6

信号機の点滅さえ、酒に溶かせるバーがある。

出勤するため朝に寺町通を歩いていたら「K６」のマスターの西田さんと出会った。

年明けだったので今年もよろしくお願いしますと言いながら「K６」のあのカウンターから見える信号のことを書かせてもらおうと思った。それを伝えると「いつでもどうぞ」「ほな明日に」で話はすぐに終わった。

濃密なバーをいくつも経営され

窓の外の信号が酒を誘いグラスを軽くする。上木屋町は夜が更けてくると情景がより魅惑的になる

ているマスター・バーテンダーとしてではなく、めちゃくちゃ酒を飲み続ける男として俺は西田さんに強くシンパシーを感じている。

俺が木屋町二条の［K6］に初めて行ったのは二十年以上前だった。まだカウンターしかない頃でいいバーが出来たという噂を嗅ぎつけてすぐ真夜中に行くと窓に近い席が偶然空いていた。新しく出来た割に実に本格的なバーだなと思いながら窓の外を見ると信号機が赤く点滅していた。

［K6］は酒も酒と食べられるものも接客も開店当初から細やかな神経が通っているうえに奥深さも感じて「ええバーやなあ」といつもため息が出るほどのレベルだったのでチョットあかん俺は苦手だった。行けば必ず満足するのになかなか足が向かなかった。

けれども京都は狭いので行かなくてもマスターの西田さんとはいろいろなところで会った。

会うと飲む。飲むと俺よりもはるかに酒が好きで酒をゴキゲンに飲むことも俺より上段者ということがよくわかる。

あるとき錦市場の［賀花《がばな》］（P90）という立ち飲み屋で昼頃に会った。十分か二十分ほどで酒を五、六杯飲まれていて飲み方も実に自然だったので意味もなく感動したこともある。

この写真を撮っている時、窓から見える信号の話になった。マスターが今は深夜になっても点滅ではないのでさびしいですと言った。俺も赤色の信号の点滅を見ると何かを伝えようとするようなものを感じてしまいますわと答えた。この夜も深酒になった。

大好きなサイドカーをロックでもらった。いくらでも飲めてしまう

BAR K6

カウンターも好きだが東側の賑やかな空間も昔は好きだった。現在は一階にそれぞれ店としてセパレートされたワインバーとウイスキー専門のバーもある。どのゾーンもお客を喜ばせようという工夫と情熱で溢れている。欲深い酒飲みを愉しませてくれる店だ。

●京都市中京区二条通木屋町
東入ル東生洲町 481 ヴァルズビル２Ｆ
☎ 075-255-5009
18:00 ～翌 3:00（金･土曜～翌 5:00）
無休　地図 P174

[食堂おがわ]の醍醐味はいい眼差しをした男達がきびきびと仕事をするところを見られるところだ。完全なオープンキッチンだ

〈西木屋町四条〉

食堂おがわ

食わなくてもうまいことがわかるし、ハリもコリもしない加減のいい時間がある。

店も料理も人柄も実にシンプルだと思うけれどきっちり仕事がされていることも伝わってくる店だ

この店はむちゃくちゃ流行っているので当日にシュッと入れるということはまずない。

それでもこの近所を歩くとき戸をひっそり開けて店主の小川さんに声を出さずに会釈する。そうすると男っぽいが愛嬌のある顔を少しだけ変化させていけるかどうか伝えてくれる。

俺みたいな客は予約と予約の隙間の時間にチョット飲んで、あるモノをチョットつまんでお客が来たら速攻引き上げるタイプなので「5時半までならどうぞ」とか言ってもらえるので迷惑だろうなと思いつつもついつい戸を開けて顔をのぞかしてしまう。

店主の小川さんとは余所の店や祇園祭で何回か飲んだ。控えめな感じだけれど飲みっぷりがいいのでいっぺんに仲良くなった。

十年ほど前にこの店へ初めて行った時、酒を注文して何を頼もうかなと黒板を見たりまな板の様子を見ている時に「あー、ここはええここは」と俺を連れてきてくれた奴に何度も囁いていた、そんな記憶がある。

そして刺身を少しもらって酒ばかり飲んでいてどこに行っても行きがかりじょう頼んでしまう手羽先の唐揚げを食べた瞬間に俺の胸の中でキンコンカンとゴキゲンのチャイムが鳴った。頭ではなくハートそんな感じのうまさだった。

新しい店に行けばどんな料理があってどんな風に出てきてそれがいくらでとか、お店の人にサービスされたとか、食べればどうだったかそんなことばかり思ってしまいがちだが、「あの男がいるからそこに行く」というのが店の根本

どちらかというと旬の食材という表現が好きではない。それよりもこんな日はこれ、寒い日はあれの方がいい

だと思う。

　それにしてもここを予約するのはなかなか大変らしい。かといってヒョイと入りにくい。どうしたらいいんだと思うがポロッと入れるそんな時もある。それもまた街のシアワセだ。

食堂おがわ

魅力のある店はお客さんも面白そうな人達が多い。この店に行く度にそう思わされる。料理も酒も接客もいたってシンプルなのでそのどれもが際立っていて楽しい。写真にはないがだし巻きがその代表格。ぜひ注文したい。

●京都市下京区西木屋町四条下ル船頭町 204
☎ 075-351-6833
17:00 ～ 23:00　水曜休　地図 P174

〈花遊小路四条〉

バー ザ・ノーザンライツ

世界に誇れる水割りという酒が、この日本には在る。

実は少し前からウイスキーのハイボールが勢いづいて俺は大変困っている。

別に俺は水割りで生計を立てているわけではないけれど、日本の水割りの大変良き理解者で広報マンだと自負している。

この世の中で最もいい加減な酒はウイスキーの水割りではないかと思っている。その理由を三つを話すことにしよう。

まずひとつ目はうまさを加減している飲み物だということ。この考え方は他の酒あるいはカクテルにはない。うま過ぎてもいいけど、おいしくなくても別にいいのが水割りなのである。

真夜中にホテルの部屋で飲んで朝起きたら番茶みたいになっている「その後の水割り」は別にして、まあ目の前にありそして飲めればいいのが水割りなのである。バーテンダーのみなさん怒らないでください。愛しているんです。

二つ目は長い時間飲めることだ。夕方から深夜2時までギムレットを飲み続けることは不可能である。俺は2時間が限界だ。内臓がオッケーだったとしても頭が許さないし財布が許すはずもない。しかし水割りなら夕方から深夜まで飲み続けられる。ボトルキープが出来るバーならとても安く飲めるしスナックなら何曲歌っても水割りが相手をしてくれる。

そして最も水割りの凄いところは細胞同士をつなげていくことだ。そのグラスに口をつけた瞬間にグラスと自分がつながり、置いている手と店のカウンターがつながり、隣で飲んでいる美人とも、マドラーを握るマスターともバックバーともつながっていく。

水割りの正体は伝道師なのである。人と人、人と店、時間を麻痺

グラスの扱いと空気を揺らさない所作で水割りを作られると俺はついつい喉をゴクリと鳴らしてしまう

させ中和させ、時空を超えた橋渡しもする。

ウイスキーに水を入れただけの最高の酒がこの日本に在る。在ったのだ。

あー、我々が愛する適当な水割りよハイボールの波を押し返してくれ。さもないと缶の水割りが絶滅しそうなんだ。

裏寺というか花遊小路の「バーザ・ノーザンライツ」でいただける美しくおいしい水割り。水割りはレンジがいやココロが広いのである。

バー ザ・ノーザンライツ

新京極から花遊小路に入って裏寺に抜けるところにあるのでついつい寄ってしまう。特に1階がスタンディングのバーになっているので綺麗な水割りやハイボールを一杯だけ一気に飲んですぐ出るときもある。2階では深く飲める。

●京都市中京区新京極通四条上ル中之町 566-23 2F
☎ 075-746-4894
17:00～翌 2:00　無休　地図 P173

〈木屋町二条〉

スペイン料理・バル シャティバ

バルには手提げの紙袋。

またセコい話になるが、その日に何を持っているかで行く店を考えることがよくある。

着ている服よりもどちらかというと鞄のことが多い。仕事用の鞄を持っているときに行きやすい店とその鞄を持っていくのを避けたい店がある。まあ誰にでもあると思うが、安い系の居酒屋や立ち飲み屋や街の中華料理屋にはビジネス鞄でもいいけれど、スペインバルとお好み焼き屋は手提げの紙袋でないと行きたくない。

余談（全部余談だが）になるが俺の手提げ紙袋スパイ度高い論を紹介しておこう。

うちの親父は毎朝必ず百貨店に行く。毎日家を9時過ぎに出て百貨店を回ってから漬物屋の店頭に顔を出すのが昼前なので、たぶん百貨店には開店する頃に行っているのだと思う。毎日行って何をしているのかはわからない。

持ち物は手提げの紙袋だけなのだが、これが通っている百貨店の紙袋ではなく昔からずっと無地に近い厚手のクラフト紙で出来た輸入食品店の紙袋を持っている。さすがだと思う。

実は私も仕事で人と会う時以外、いわば背広を着ている時以外はいつも無地に近い紙袋を持って歩いている。鞄ぐらいは持っているし、かといってお洒落だと思って紙袋を持っているのではない。その方が合理的だからだ。

なぜ鞄を持たないのか。その理由の一つはその紙袋はいつでも捨てられるという前提で持っているのでなんとなく楽なこと。

私の場合、親父と同じ輸入食品店の紙袋を二重にして外側の紙袋が破れても大丈夫なようにしている。けれども中には新聞と文庫本とハンカチとペットボトルの水と小さい封筒に入れた何枚かの名刺とボールペンぐらいしか入ってな

高瀬川沿いの木屋町をずっと上がっていき御池より北が上木屋町。惹きつけられる店が密集しているゾーンだ

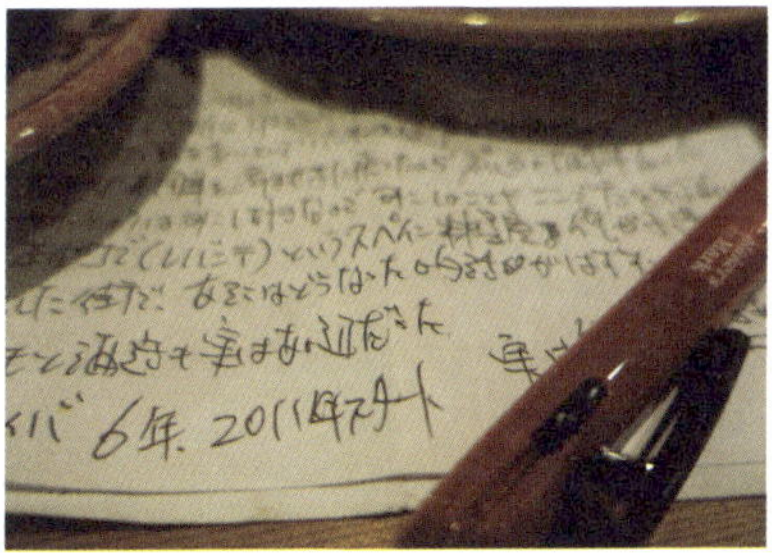

スペインバルはより酒場っぽいところがいい。この日はひとり旅だった

いので、袋が破れてなくなって困るものは入っていない。もし無くなってもいいものだけを持っているのは気が楽なのだ。

また紙袋は入れ物としてではなく敷物にも出来るし、急に雨が降ってきたら外側の紙袋（撥水加工がされている）を頭にかぶってカッパ代わりにも出来る。道中で荷物が増えてくれば外側の袋を外して使えば倍の容量になる。紙袋は変幻自在なのである。

手提げの紙袋のもう一つの魅力は、紙袋を持つことで「仕事中でない人」になれるということだ。紙袋が発信するシグナルは大きい。

それに背広やジャケットを着ているときは鞄を持っていてもいいが、ジーパンやポロシャツ姿で鞄を持っているのはどうもヤニこいし、その鞄の中に入っているモノ

香りがいいノイズがいいシェフの背中がいい。ワインなどなんでもいい。いい男がやる店で食えて飲めれば最高だ

は貴重品な感じがするので狙ってくれと表しているようでとても危なっかしい。

私はローマに行った時も同じ紙袋を5枚ほど持って行き、向こうで観光しているあいだはずっと紙袋を持って歩いていた。

ジェームス・ボンドもジェイソン・ボーンも普段は鞄を持っていないがペットボトルや新聞を持つ必要がある時はおそらくいつ捨ててもいい紙袋を持つはずだ。スパイ度の高い奴なら必ずそうするきっとする。

百貨店や電車やバスに乗れば紙袋を提げている先輩達が必ずおられる。かなり街的スパイ度は高いと思う。さすがである。ちなみに私は全国紙袋党の広報ではない。

ブラッと入って一発で気に入ったバル。

そんなわけで手提げの紙袋を持って上木屋町を歩いているとカウンターに動きがあり焦げたいい匂いと湯気が見える店があったのでブラッと入った。

カウンターの中にキッチンがあり手際よく料理を作っているマスターがちょっとリーゼントな感じだったのでなんだか飲みやすくなった。

メニューを見ると古いR&BのLPジャケットを台紙にしたもので店でかかっている曲もスペインのラジオ番組やスペイン系のものではなくアトランタやモータウンのアメリカの昔のR&Bだった。

うまそうなピンチョスをいくつかもらってワインをグラスで飲ん

肉も魚貝類も野菜も米も何でも食べられるところが酒飲みを引き込む。ボトルよりグラスが合う気がする

でいるうちに手羽先の唐揚げというメニューを見つけて注文すると抜群にうまかったのでワインをボトルにした。

その日は一人だったのでパエリアを注文する気はなかったが、なんだかのってきてパエリアも肉も注文した。

それからいろんな奴と一緒にこのバルで飲むようになった。店の良さに決定打なんかない。決定打がない方がより素敵だとも思う。

スペイン料理・バル シャティバ

ピンチョスとタパスだけでも十分楽しめるがここでは揚げ物いわゆるフリットというものがおすすめだ。作っている姿を見ているとなんでもおいしく見える。スペイン直送の生ビールもある。オラ！コモエスタスだ。

●京都市中京区木屋町二条西入ル
樋之口町 466-2
☎ 050-5890-6656
18:00 ～ 23:00（L.O.）
火曜休　地図 P174

A Little Break

閑話休題

昼からの安酒場には、いい服を着ていこう。

ここ十年ほどで、安い系の酒場が人気を集めていて店の数もずいぶん増えた。

安い酒場というかそういう店が流行るのは普通に考えれば当たり前のような気がするけれど、この頃の感じは社会ごと安い酒場に流れているような気がしてチョット俺の頭にハテナマークがピョンと出ている。

京都でも昼から安くで飲める居酒屋がここ数年でかなり増えてきたし街が賑やかになっていいのだが、なんだかしっくりこないのはなぜだろう。俺はヘンコなのか。しっくりこない理由をチョット考えてみた。

こんな俺がいうのもなんだが、昼間から立ち飲みや安い居酒屋で飲むことがなんだかフルオープンになってきてつまらないなと思っている。

平日の昼間から飲むならもう少し「はばかって」飲んだ方がいいと思う。例え平日が休みの人でも、今日は平日だからと気兼ねして飲んだ方が楽しいように思う。

そしてどうしても飲みたければ、俺の場合はメシを食べに行って飲む。寿司屋や食堂で飲む。お好み焼きを食いに行けばスジ焼やホソ焼やイカや貝を焼いてもらって飲んだ。大阪に行けば午前中からやっているフグ屋で飲む。そば屋は繊細な店が多いのであんまり飲みには行かないが裏寺（柳小路）の［まつもと］や近所のそば屋にはよく寄せてもらう。

昼から居酒屋で飲むのは誰かに叱られそうな気がするがメシ屋で行きがかりじょう的に酒を飲むのは叱られても言い訳が出来るのだ。それを知っているからメシ屋での昼酒はセーフなんだと勝手に思っているのだろう。

それでは午前十一時から開店する大阪の「リーチバー」で昼下がりから飲むのはどうなるんだ。お前は平日の三時頃に終わることを目論んで中之島やリーガロイヤルホテルで仕事の打合せをしているだろう、それはどうなるんだと、もうひとりの俺が俺を睨んでいる。

バーはまた別の話なのである。バーには昼からも宵の口もない。そこにバーがあり、店が開いているなら誰に叱られることもない。俺たちはバーと対峙するだけだ。そこで飲むことのスタイルも含めて責任をとらねばならないから昼からのバーや宵の口のバーはその機会を得た瞬間に「ゴー」という選択肢しかない。

俺は街や酒やメシについて気が遠くなるほど書かせてもらってきた。

もちろんその中には、昼酒や昼下がりの酒場、無断欠勤した午後の酒、待ち合わせまでに酔う男、酒バカではなく酒場バカでありたい、など親が泣くようなミッションをいくつもこなしてきた。そんな俺が街のクライシスを感じているのだ。

素人が昼から居酒屋で当たり前のように飲んだらあかん。はばかって飲まなあかん。もっと辛抱しなはれ。辛抱しただけ夜の酒がうまくなる。

どうしても昼から飲まなあかんのなら、バシッと服を考えて行かなあかん。

昼に飲んでいてキマるスタイルは夜のそれよりはるかに難しい。上等のスーツや派手な服は昼の店で浮くし、ジャージや賢い低価格な洋服では安い酒場に溶けてしまう。

ちなみに無精者の俺は好きな服をヘビーローテションで着ているのでカラダの型や匂いが染み込んだ言わば俺自身の着ぐるみを作るときのような服や靴で飲んでいるのだ。四十数年、街で飲んできてたどり着いたスタイルというより行きがかりじょうそうなったのだ。

もうひとつ最後に言っておこう。昼に飲むならそこでは出来るだけ笑わない方がいい。始めから笑ってしまえば台無しだ。笑って飲むのはまた別の話なのである。

いよいよ俺もワイワイナワイモになってきた。あー、というしかない。

裏寺と柳小路、そして新しい店。

〈裏寺町四条〉
Vinaino
〈裏寺町四条〉
焼鳥おこし

裏寺との付き合いは長い。中学の頃はピンボール（京都ではフリッパーと呼んだ）が五十台ほど並んでいた美松のゲームセンターに不良の高校生がたくさんいて怖かったけれどよく行ったし、ハタチ前後の頃は煙草や肉を焼く煙がモクモクしている裏寺の店に背伸びをしてよく通った。

カウンター八席だけの［陽気］という名の焼肉屋は夕方から明け方の四時ぐらいまでやっていたので飲みに行く前やムチャクチャ飲んだあとによく行った。豚足もあり肉は小さ目でタレ濃い目という俺の好きな球が揃っていたし、「ひろみちゃん」というおばさんが楽しかった。

ホルモンの串焼きやタンシチューやグッとくる酒のおかずがたくさんあった［中ぼて］という店も裏寺を象徴するような店だった。［菊水軒］や［小春］という特色のある小さいお好み焼き屋もたくさんあった。

豊川悦司主演の『新・仁義なき戦い』のタイトルバックで裏寺が映ったときには映画館で「お、裏寺の小春やんけ」と声を出したのを覚えている。

たくさんのお寺と細い道や路地で構成されている裏寺界隈の中に「柳小路」という路地がある。二十年ほど前までは昔からある数軒の店だけでひっそりとした路地だったが、少しずつ店が変わっていって最近は特に勢いのある面白い店が集まってきている。

〈裏寺町四条〉

Vinaino

柳小路にひろがるイタリアの上機嫌。

裏寺の公園から四条の方へ抜ける近道でもある柳小路を飲み仲間と歩いていると小さな店の中にコックコートを着て笑っているイタリア人がいたので足が止まった。

店の中を見ると六人ほど入ればいっぱいな感じの立ち飲みカウンターがあったので飲み仲間三人でためらうことなくすぐに入った。

入った瞬間に俺はゴキゲンになった。フィレンツェのトスカー

とにかくこの店は陽気で楽しい。シェフのファヴィオ（右）は日本語も達者なのでどんどん話してガンガン飲もう

ナ出身のオーナーシェフのファヴィオが「イラッシャイマセー」と言ってニコニコしたから俺たちも「ボナセーラ」と挨拶した。

オーナーシェフの奥様のママは日本の方でイタリアに語学留学しているときに飲み歩いていてファヴィオと出会って結婚したらしく、さばけた感じがとても素敵だ。

もうひとりのシェフはサルディーニャ島の出身らしく、その話をすると「マルコは、しまんちゅ」とファヴィオが言って笑った。

男三人でキャンティ・クラシコを飲みファヴィオにもママにもマルコにも飲んでもらってるうちに柳小路を通った知り合い達がその光景を見てどんどん入ってきて、すぐに店はパンパンになった。

この日マルコが国から持ってきたというパルミジャーノ・レッジャーノの珍しいのを出してくれた。トスカーナのソーセージも魅力的な焼き加減だったし、きれいなギャラ（赤セン）を見せてくれたのでトリッパも食べた。ファヴィオがフィレンティーナ・スタイルのトリッパだと言っていた。

そしてたくさんで飲んでいるうちに店にあったキャンティ・クラシコのボトルが全部空いたのも必然だ。

トリッパは手頃なワインを極上にさせるといえばワイン通に叱られるかなあ。裏寺でトリッパ。ジーンとくる

裏寺の中を抜ける柳小路。小路の南側の入り口に大きな柳があったので名付けられたのか

Vinaino（ヴィナイーノ）

●京都市中京区裏寺町四条上ル中之町 577-14　はちべえ長屋
☎ 075-286-3180
12:00 ～ 15:30　17:30 ～ 23:00（金・土・日曜 12:00 ～ 23:00）
月曜・第４火曜休　地図 P173

〈裏寺町四条〉

焼鳥 おこし

手練れの同級生二人が切磋琢磨する。

錦市場の八百屋の先輩と新京極で偶然会った時に「お、高倉はん（錦市場の人からはこう呼ばれることが多い）、裏寺に焼鳥屋できたん知ってるか」と言われて「え、知りませんわ」と答えながら俺のスパイ度も下がってきたなあと思った。「知らんのかいな、おいしいのに」と言われてさらにガーンとなった。

裏寺を日々ウロウロしているのに何をしてるんやと思いながらもその日に行ってみることにした。

柳小路を北から入ってすぐにその店はあった。そこは以前「金剛」というおかあさんひとりでやっている一杯飲み屋があって俺もよく通っていた店だったので、その跡地がどんな店になっているのかますます興味がわいた。

暖簾をくぐり引き戸を開けるとかしわが炭で焼けるときのいい匂いがした。そして若く感じのいい男二人が店を切り盛りしていた。ひとりは焼きや料理を担当してひとりは酒をさばいていた。

表面の香ばしさと中のジューシーさがなんといっても焼鳥の醍醐味。いつも待ち遠しい

生でいけるものを頼んで酒をもらった。店でかかっている曲がちょっとポップでおもしろい。入ってしばらくして隣のお客さんが食べておられる焼きものを失礼ながらチラッと見て「そら流行るわ」と思った。

焼鳥以外のメニューも気が利いているし、砂ずりもモモも抜群だったし「やげん軟骨」を頼めば肉が多く付いていていてうれしかった。

店のふたりは同級生らしくて、そんなことを聞くと勝手にいろいろ思うこともあったがそれもまた酒をうまくした。大好きな裏寺にまたいい店が出来てうれしい。ほんとにそう思う。

この店の焼鳥や料理は大きさのセンスがとてもいいと思う

はー。銀杏である。ため息が出る。裏寺の住人をシアワセにする

焼きの前に生でいけるものを適当にしてもらいながら飲もう

焼鳥 おこし

●京都市中京区裏寺町四条上ル中之町 577-14 はちべえ長屋
☎ 075-275-1317
15:00 ～ 23:00
不定休　地図 P173

〈団栗橋〉

焼肉　アジェ　団栗橋店

並ミノで泣いている。

それにしても肉の部位の名前が増えたなと思う。写真は上ミノ

最近、俺は「へんこ」なおっさんになったのかと思うことがよくある。

子供の頃から年上でも年下でも人の意見をよく聞いてからいつも頷いてきた素直な奴だと、この前まで思っていたのだが、年が明け仲間や親戚と飲んでいた時に、皆が口を揃えて俺を人の言うことを聞かないおっさんだというのだ。

俺はチョット星飛雄馬のようにガーンとなった。確かにそうかも知れないがそれには理由があるのだ。

例えば大勢で焼肉屋に行って笑うよりもひとりで行って泣く方がいいと俺は思っている。

開店したばかりの宵の口か閉店間際の時間がいいが満席の時でもかまわない。焼肉屋は喧噪があればあるほど静かに飲める場所でもあるからだ。

席に着けば迷わず「酒をヒヤで」と注文し、上カルビやタン塩や上ミノなどには目もくれずモヤシのナムルと並ミノだけを頼んでグッとコップで酒を飲むのだ。

肉は並ミノとウルテと天肉だけあればいい。上ミノが高級で並ミノが安物なのではない。圧倒的に酒に合うのは並ミノなのに並などと言われて並ミノがかわいそうだ。俺は断然並ミノを支持する。

ウルテは飲み込みやすいように

チンチクリンに切ってもらう。俺はこのウルテをほとんど焼かずに食うか、真っ黒に焦げるまで焼いて食ったりするのが好きだ。

　話はそれるが人間が肉を焼いて食べるようになったのは何十万年前からのことで、それ以前の何百万年は焼かずに肉を食べていた。肉は生で食いたい派なので俺はホルモンでもなんでもカンテキの上に乗せてチョットあたたまった瞬間にパクパク食べる。

　そしてカンテキの上の肉を見つめて飲めば頭は真っ白になる。まるで矢吹丈だ。刻々と焼ける肉は俺に何も考えさせない。

　そうなると酒は水になる。肉と火と水の儀式だ。

　こうなるといくらその店が賑やかでも煙がモクモクでも、ひとりで並ミノを食うジョージ・クルー

いつも気合と細やかな神経が入っているここの蒸し豚

肉が好きな者のことをよくわかっている料理が多い

一人では注文しないが一切れ二切れは赤身を食べたい

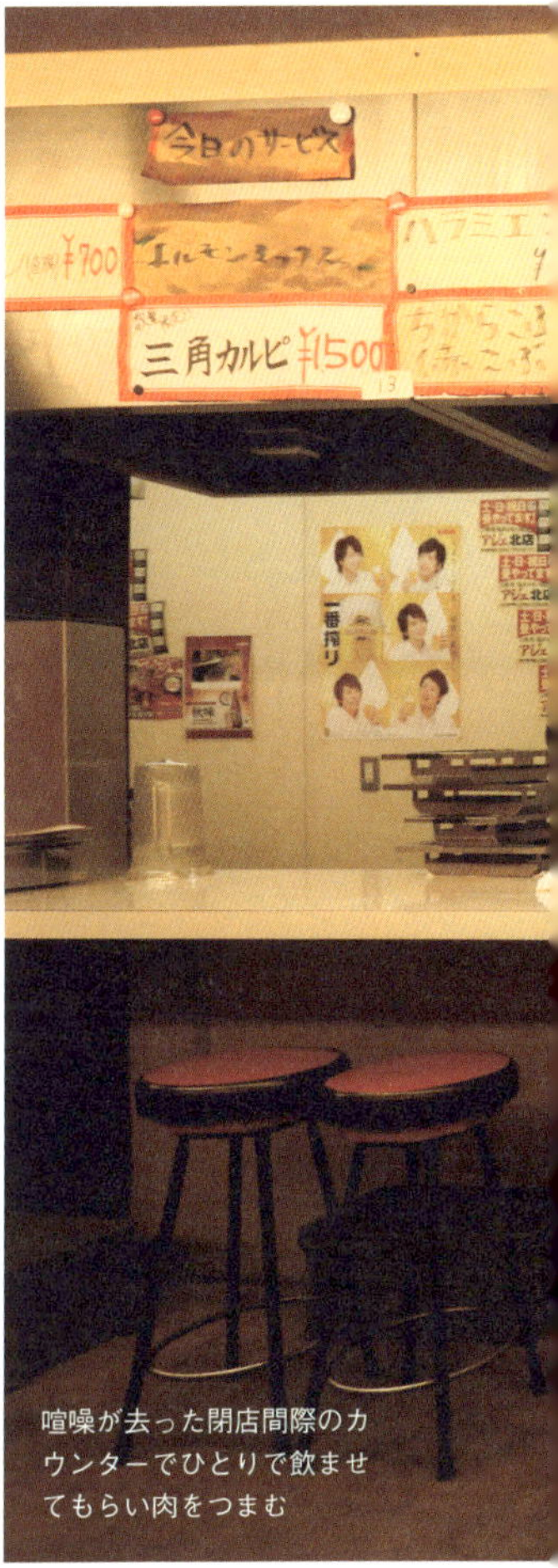

喧噪が去った閉店間際のカウンターでひとりで飲ませてもらい肉をつまむ

ニーが現れる。

やっぱりチョットへんこなおっさんかも知れない。もうこんなことを言うたり書いたりするのはこの本だけにしておこう。親戚のかわいい子たちが寄り付かなくなる。あー、というしかない。

焼肉 アジェ 団栗橋《どんぐりばし》店

右上メイン写真は遅がけの時間。この店にはおいしいドジョウ汁があるのでそれと酒だけを飲んで泣いている時もある。一緒に野球をしていた仲間がいるのでとても有り難い。

●京都市下京区河原町木屋町団栗下る東側
☎ 075-371-2727
18:00 ～ 23:00（土・日・祝 16:00 ～ 23:00）
無休　地図 P174

〈大和大路松原〉

焼きそば専門店おやじ

伝承すべきこと、それは焼きそばの注文の仕方。

いくつになっても子供の頃に食べていたものや若い頃から通っていた街や店に時々行きたくなる。

私の場合はずっと同じ街で暮らせているのでふと食べたいと思った時にすぐ行けるのはとてもうれしいことだ。

また京都は土地の新陳代謝が比較的少ないので子供の時のまま存在してくれる店が多くあるのも有り難い。

「焼きそば専門店 おやじ」は、私の通っていた中学校の隣の校区にあったので初めて行ったのは高校に入ってからだった。自分の中学校区のお好み焼き屋が一番おいしいと思って生きてきたので隣の校区のお好み焼き屋にあまり行くことはなかったが、この店に初めて行った時は衝撃的だった。

なにしろ焼きそばだけしかなく、一人前とか大盛りという単位ではなく麺の数を注文して入れてもらう具もイカや肉だけではなくチクワや天かすやラードにいたるまで紙に書いて注文するやり方に驚いた。

しかも三人か四人で行けば注文する麺の玉が十二、十三玉くらいになるので目の前で山のようになったそばが焼かれているとうれしくて仕方なかった。

特に若い頃はお金もなかったし少しでも多く食べたかったので具を少ない目にして麺を大量に指定することが出来るこの店はたまらなかった。

今も仕事を手伝いに来た甥っ子や学生達とたまに行くが、昔の習慣からか具は少ない目にして食べるのがきついぐらいの量の麺をいつも注文してしまう。

この日は二人で「麺八玉、油かす、スジ、イカ、天かす、チクワ、ラード、ニンニク、紅生姜抜

焼きそば一点勝負なのでビールを飲みに行くような店ではないけれどおいしい自家製のキムチでいつも飲む

き」と紙に書いた。麺だらけソースだらけの焼きそばの山が出来上がるとどうしても顔がほころんでしまう。

そして店を出てからいつも食い過ぎたことに後悔する。それも子供の頃からずっと同じである。しかしそれは伝承すべきことだと思っている。

ちなみにメシ屋や居酒屋で料理を頼みすぎて残すことはあっても「おやじ」で残したことは一度もない。この店では追加オーダーをすることができないから気合いが入っているのだろう。

焼きそば専門店 おやじ

この店での悩みと面白さは注文をメモ用紙に書いて提出すること。入ってすぐに出すオーダーが勝負で食べ終わってから追加の注文が出来ないのでどうしても多い目に注文してしまう。この店に入る前に必ず仲間の腹減り度を聞くことは必須だ。

●京都市東山区北御門町 259
☎ 075-541-2069
11:00 ～ 13:15（L.O）
17:00 ～ 19:15（L.O）
水曜休（日・祝は夜営業なし）
地図 P175

〈吉田神社北参道前〉屋台せせり

屋台は生き物だったんです。本当に。

屋台は夏に行けば暑いし冬に行けば寒い。本来はそれが当たり前の話。今となってはそれこそが屋台の魅力

二十年ほどか三十年前は京都にも屋台がたくさんあったが最近はほとんど見かけなくなった。どうしたんだろう。

河原町六角のスカラ座前にいつも出ていた通称「スカう」といううどん屋の屋台、濃厚なダシにすじ肉と辛めに炒めたキンピラゴボウのスタミナうどんが抜群の五条大橋の「弁慶」。

ラーメンなら三条河原町、三条京阪、四条寺町、白濁スープがうまかった国立病院前の屋台。

飲める屋台なら京都駅前、西大路三条、北山新町など思い出せばきりがないほど京都の街には屋台があってくれた。

けれどもそれがなくなっているということは条例が変わったか何かが厳しくなったのだろう。情緒的なことばかり言っていては叱られるが、屋台は弱い俺達をいつもなぐさめてくれていた気がしてならない。

泣きそうなのを堪えさせてくれたり、胸の内で泣きだしてしまうと背中をさすってくれたり、ひとりきりになったときはぼんやり浮かぶテントの明かりに励まされたり助けられたり、暖簾をくぐった時に立ち込める湯気が迎えてくれてせつなさを拾ってくれたり、屋台は普通の店舗にはないなぐさめ方をしてくれた。

それはその土地に根を張っていないという屋台ならではの構造ゆえに、屋台そのものを生き物として我々が捉えているのだと思う。それゆえに感じるのだ。

屋台は移ろうし基礎を持たない屋台は揺らぐ。屋台は存在そのものが脆弱な生き物なのだ。

だから我々はなぜかそこを目指してしまうし、そこで飲む酒の素直さがわかるし、そして特に夜が更けるほどそこに内包される心地よさを感じてしまうのだろう。

吉田神社の北参道前に出ている「屋台せせり」。京大農学部前と言った方がわかりやすいかもしれない。ずいぶん昔からこの屋台には世話になった。

今も行って飲むと、「ウエストロード・ブルース・バンド」が歌っていた「いつも俺たちを見捨てなかったあの街へ帰ろう」「銀閣寺の坂を登る頃にゃ胸がいっぱいになっちまうのさ」というフレーズが甦ってくる。そしてそうなれば思わずコップ酒の上げ下げのピッチが短くなるのは必然だ。

世知辛い世の中になった今こそ屋台が必要なのではないかと心から思う。

百万遍から今出川通を銀閣寺に向かって歩けば吉田山の麓にこの店の明かりが灯る（現在は移転されている）

屋台せせり

焼鳥とおでんとうどん。シラフの時に思い出すとここには屋台に求める三原則が揃っている。そして湯気と暗さとコップ酒がそこに加わると酒飲みが求める店の完全体だ。狭いテントの中でひしめき合って飲むこともこの時代には必要だ。

●京都市左京区今出川通東大路東入ル
吉田神社北参道前（現在は移転して京都市南区東九条室町 31）

〈麩屋町二条〉

イタリア料理

ルシュルシュル

その黒板の文字もご馳走なのだ。

カウンターに座ればシェフが料理をされているところも見えて実に楽しい。黒板のメニューや吊り下げられたフライパンや調理器具も全部がおいしさをかもし出す街の店の魅力のひとつはその店の肌触りだと思う。

その店のあらゆるところから発散されている様々で微妙で繊細なものが我々に伝わってきて、なにがどこがということではなく伝わってくる感触的なものすべてが店の大きな魅力。またそれによって自分に合う合わないというのも出てくる。

いくらおいしくても安くても足が向かない店もあるし、いきいきとした笑顔と元気のいい「いらっしゃいませ」の声で迎えられる店よりも無愛想なおやじさんがひとりでやっている店の方が居心地よく感じたりする時もまれだけどある。

外から見た時の店のたたずまいや玄関、扉を開けた時の匂いや湿度や音、お客さんも含めた店内から感じる気や反応、もちろん店の設えや食器やグラスやメニューからも何かが伝わってくる。

高度にデザインされたインテリアは素敵だと思うし、安けないグラスよりも高級なグラスで飲む方が好きだが、デザインを感じさせない黒帯な店には引き込まれるし、使い上げられた道具を見るのも角が丸くなったタンブラーで飲むのも大好きだ。

漬物屋を営んでいる俺は「へぎ板」に墨でヌカ漬の値札や旬のものが出た時の宣伝文句などを書いているので、レストランや居酒屋の手描きの文字を見ることも店の楽しみのひとつ。どの店もその店の感じがよく出ていてほんとにおもしろい。

京都の御所南の「ルシュルシュル」というお店のカウンターで、イタリアのワインを飲みながらいつも見ている黒板。

どのメニューも魅力的だし文字も書き方も見てくれ感もなく実に感じがいい。やわらかく上品な書き方にずっとこの店のママが書いていると思っていたが聞けば髭のマスターが書いているとのことで、それでもう一杯飲めた。

この店は料理をママが担当してサービスをマスターがされている。いつもカウンターで飲ませてもらいながらマスターと酒の話をしてママとは食材のことでやりとりできるのも楽しい。

料理がしっかりしているので飲み助の俺には相性がいいのでついつい食べ過ぎてしまう。

そしてママが作る上ナポリタンをいつ注文すればいいかいつも悩んでいる。おいしい店だ。

この店の「ひと皿におひとりさま分」という前菜10種類ぐらいのアミューズの盛り合わせがとてもいい

イタリア料理 ルシュルシュル

麩屋町通二条下ルは70年代からいろいろな文化の発信地だった。その中心地がこの店の入っているビルだったと思う。そこにセンスのいいこの店があることも偶然ではないような気がする。ママとマスターの静かな掛け合いの雰囲気もワインと料理をゴキゲンにする。ちなみにワイン2本飲んでからグラッパにいって俺は泣いた。

●京都市中京区麩屋町通二条下ル尾張町225 第二ふや町ビル 1F
☎ 075-252-2587
18:00 ～ 24:00（L.O.22:30）
火曜·第3水曜休　地図 P173

手前の大鉢に盛られているのが
「大名炊き」いわゆるぜいたく煮。
ぬか漬の大根をけだし（塩抜き）
してから炊く

〈先斗町四条〉

ますだ

樽酒と『竜馬がゆく』の大名炊き。

先斗町［ますだ］のカウンターに陣取ると俺の頭はすでに酒になっている。

カウンターの上段に並んでいるおばんざいの向こうに賀茂鶴の樽があり、その樽から有次製だと思われる年季の入った銅製のチロリに酒を注いで、湯煎。それを湯通しして温めた伊万里焼の徳利に入れられて酒が出てくる。

1杯目はついでもらえる。その前にさかずきを選ばせてくれるのだが、この店には高級という意味ではない「ええさかずき」がいくつもある。

さかずきと書く時いつも盃なのか杯なのかお猪口なのか迷ってしまう。俺が酒を飲むのは盃や杯と書くようなさかずきではないしお猪口でもない。それはあまり学校

で勉強してこなかっからで漢字の読み方は偏やら雰囲気やらで適当に読んでいるので盃や杯をさかずきとは読まず「ハイ」と読んでしまう。あー、樽酒の話だった。

樽はあかん、際限がない。でも漬物を漬ける杉樽が増えるから四斗樽の樽酒をみなさんもっと飲んで欲しい。一斗は十升だから四斗樽は四十升。宴や祭で使われるのは正味入れると動かせないので底上げして二斗か一斗になっていることが多い。一斗といってもそこそこの酒豪が揃う家でもいい状態では飲みきれない。

何年か前に仕事仲間の披露宴で鏡割りをした。正味入った一斗樽を二十人ほどの仲間で一気に全部飲みきったあと、羽織袴姿だった俺は何を思ったのかカラになった一斗樽を頭にかぶり虚無僧になって踊っていた。あー、樽酒の話だった。

きずしは［ますだ］の必修科目だと思う。酢もうまい

この店のおばんざいはひとつひとつが上等な料理

［ますだ］は料理も設えも「手などかけてませんよ」というのが聞こえてきそうなほど繊細でいい湿度のある店で落ちついた感じのお客さんが多い。けれども樽酒が目の前にあるということはガンガン飲まなあかん店だと俺は思っている。［ますだ］の素敵なおかみさんには申し訳ないが樽酒は繊細さを放棄させるものでもある。そうさ樽酒はひと晩で空ける勢いで飲んでしまう酒なのだ。

酒のうまさを有り難がっているのは一杯目。二杯目は目の前のたまらぬ香りとシュッとした存在の酒が自分の細胞と同化して、三杯目からは急がねばならぬとビートを上げようとする何かが現れ、さかずきをコップにしてもらえと囁いてくるが、俺はいうことを聞かない。

　一杯目に飲んだスタイルでずっと飲まないと格好悪いということを誰かに教わったか自分で決めたのかわからないが、昔からそうしている。ちなみに俺の好きなさかずきは小さめのもので一合飲むのに六杯ぐらいかかる。慌ただしいけど動作が起こる分だけゴキゲンが現れやすい。酒飲みは邪魔くさいことが好きなのだ。

　熱燗ならコップでもさかずきでもどちらでもいいし、ヒヤならコップがいい。ただし柄のない普通のガラスのコップに限る。樽酒はヒヤなら升もいいがアゴ族しゃくれ協同組合の俺は升の角がアゴにあたって酒をよくこぼす。イソップ物語ではなかった樽酒の話だった。

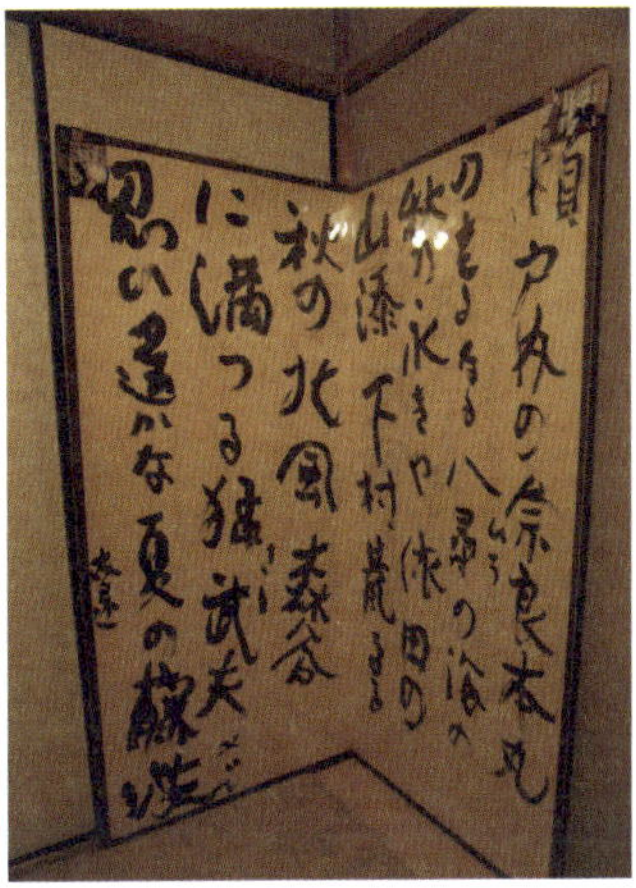

司馬遼太郎さんが書かれた屏風。字のかたちにいつも引き込まれる

　本当のところ俺は樽酒がこわい。酒樽がこちらを見つめているというか品定めをしているように感じるからだ。酒樽のその視線に抗うようにしながら飲んでいるのは正解だと思う。樽酒はスピリッツに届く、いや魂に響く酒なのだ。そう思う。

ますだ

三十数年ぶりに『竜馬がゆく』を飲みながら読んでいたら、その第三巻で、竜馬が寺田屋へおりょうを連れて行ったあと、勧進橋のたもとの茶屋で酒を一杯飲み、今でいう贅沢煮を食べているという描写があった。それを見つけて宝物を探しあてたようにうれしくなった。

先斗町の［ますだ］は司馬遼太郎さんのお気に入りの一軒だったので、司馬さんは竜馬にぜいたく煮（ますだでは大名炊きと呼ぶ）を食べさせたくなったんだろうとその描写を読んだ瞬間に思ったからだ。

もちろん翌日、先斗町の［ますだ］へ寄せてもらってぜいたく煮で一杯飲ませていただいた。

漬物屋としてもぜいたく煮はとても気になる料理である。

カウンターにはおばんざいの大鉢がずらっと並んでいて必ず目移りがする。どのおばんざいも筋が入った上等の料理で輝きも味も抜群だ。特におすすめはきずし。酢もうまい。

●京都市中京区先斗町通四条上ル
☎ 075-221-6816
17:00 ～ 21:00　日曜休　地図 P174

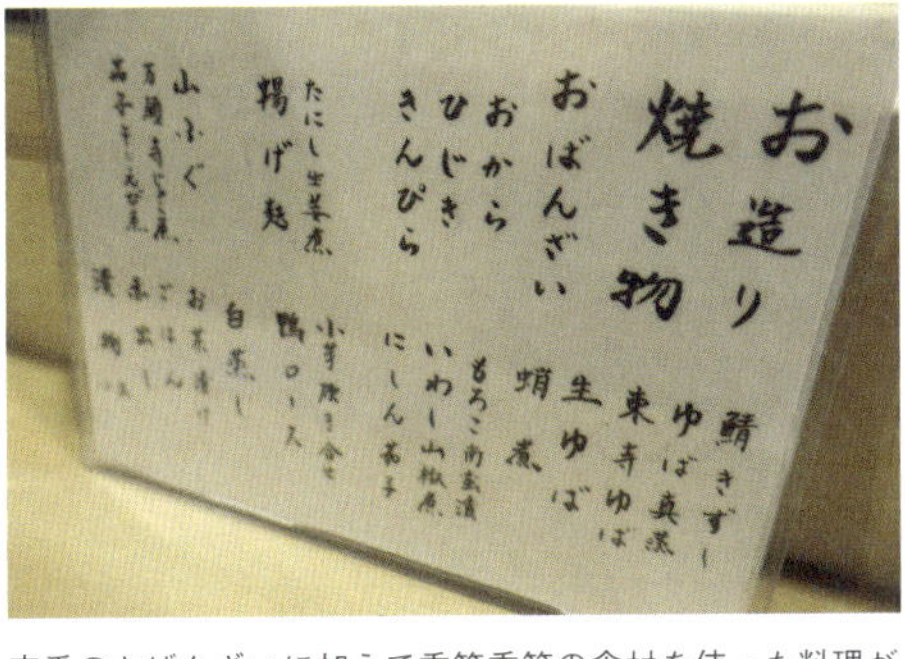

定番のおばんざいに加えて季節季節の食材を使った料理がいろいろある。冬のナマコが待ち遠しい

〈西木屋町四条〉

月村

釜飯ができるあいだの
うまくてせつない酒。

カウンターは3席ほどしかないので滅多に座れない。この日はたまたま空いてたので親父は嬉しそうだった

親父と一緒に西木屋町の釜飯屋「月村」に来たのは五十年ぶりぐらいだった。子供の頃、月に二度ほど親父と二人でよくここに来ていた。なぜ家族全員ではなく俺だけなのかその頃はよくわからなかったけど、それはセンシティブな俺の子供心がその理由をきっとわかりたくなかったんだろうなと今回ここで親父と二人で飲んでいてそう思った。

あの頃、日の暮れの開店時間くらいにこの店へ来ると、ビールとすぐ出来るおかずと名物の釜飯を親父は注文しビールをひと息に飲み干しながら「ここの釜飯は注文されてからひとつずつ米を研いで具を入れて炊かはるし30分ぐらいかかるけどよそのと違ておいしいにゃ。今日も出来たらお前全部食べときや、わしはあとで戻ってくるさかい」と言っていつも俺を残して店をすぐ出て行っていた。

今回その親父とカウンターで飲みながらそれを月村のおかみさんに話し「たぶん浮気しに行ってたんやろねえ」と俺がいうと「いえいえお父さんはその頃仕事がお忙しかったんでっしゃろ」といいながらおかみさんが笑って親父を見ていた。

煮炊きもんをあてに酒を飲むと何かがよみがえる

スペインから来ていたシェフが気に入った鰯の梅煮

その話を遮るかのように「ここに初めて来たのは夷川《えびすがわ》の池田はんに連れて来てもうたんやったな」と親父が言った。するとおかみさんが「そうどしたか」と温まったお銚子を持ちながら目を細めた。

戦前生まれの人と飲める機会がどんどん少なくなって来ている。

炊き上がったばかりの釜飯の蓋を開けるとそれはもういい香りのシアワセの湯気に皆の顔がほころぶ

西木屋町の四条を下がると昭和と平成の素晴らしい店が目白押しにある

ご一緒させていただいていいお話を聞かせてもらえたり何かが得られるということではなく、一緒に飲ませてもらうとなぜか酒がうまい。酒でもウイスキーでも焼酎でもどの酒でも酒そのものがうまくなるのだ。特にそこに女性の方がいるとさらに酒がうまくなる。甘口辛口吟醸なにがしなど関係がない。この夜、釜飯屋「月村」でそれを強く感じた。それにしてもこの国にはいい店がある。

月村

釜飯は注文してから30分ほどかかるので大根煮やてっぱい（フナやサバ、コノシロなどの酢味噌和え）などをいただきながら酒を飲んで待つのが幸せな時間。二人なら鶏の釜飯と牡蠣の釜飯を注文して食べ比べるのもゴキゲン。昭和20年（1945）に開業した当時からここの釜飯は評判だったとうちの親父が独り言のように呟いて飲んでいた。

●京都市中京区西木屋町通四条
下ル船頭町198
☎ 075-351-5306
17:00～21:00　日曜休　地図 P174

この店の雰囲気がよく出ているみなさんの表情。女将さんと若女将の向こうに見える写真が先代のご主人

〈祇園〉安参

そこに行くこと、
それも料理だと思う。

この日はおでんにスジの煮込みを多い目に入れてもらった

祇園に「安参《やっさん》」という店がある。牛肉の専門店、最近流行りの言い方なら「肉割烹」ということになるのか。けれどもこの店に肉割烹という単語を当てた瞬間、ボールデッドだ。

確かに牛肉を食材にした割烹料理でもあり、京都が誇れる肉料理の名店であるのだが、この店を愛してやまない人達はそのようには思っていない気がする。

三十年前、父親の悪友（医者）だった人にこの店に初めて連れてもらった。祇園の細い道を行くと店の表に「テール」「煮込み」と描かれた赤い高提灯があり見ただけでゾクゾクした。暖簾をくぐった瞬間も緊張してドキドキしていたことを今もハッキリ憶えている。

まな板に向かっている王将のような恰幅のいいご主人とそれを補

佐する飛車と角行のようなきびきびした板前さんがいて、焼き場の前のおかみさんは手を止める間もなく銅製のチロリで酒の燗をしていた。カウンターの中は緊張感と高下駄の音が響き、カウンターには存在感のある男の人や和服や艶やかな洋服のお姉さんが肩を寄せ合うような状態で肉を食べ酒を飲まれていた。カウンターの上には無数の瓢箪がぶら下がり、厚みが五寸以上あるまな板や大きな煮込み鍋、店は隅から隅まで磨き抜かれて黒光りしていた。その時、ここに来たいがなかなかここには来られないなと思った。そんな気がした。

　それから親父の悪友にお願いして三回ほど連れてもらい、取材やなんだかんだといっては顔を覚えてもらうようになりひとりで行くようになった。それから三十年。ここに行くことでいろいろ教わってきた。

　数年前にとてもきびしく優しかったご主人が亡くなられた。おかみさんは今も定位置にいる。

　その店の料理や酒が目的ではなく、そこに行くことだけが目的だと思える店があるのはシアワセだと思う。街が多様なのもそのためだろう。引き戸を開け暖簾をくぐる瞬間こそ［安参］だと思う。

この高提灯の灯りはこの街の宝ではないかとこの頃よく思う。それほど美しい

安参

昭和 23 年（1948）頃に京極の桜湯の横で創業され、それから裏寺の柳小路に移り、40 数年前から祇園に移られた。たったこれだけでもたまらなく魅力的だ。加減や間のわかる奴と行くと必ず喜んでくれる、そんな店だ。カウンターに座り酒を注文してあとはお店の方にゆだねて食べていけばいいと思う。煮込みも焼きも抜群にうまい。私はコールテールという料理をいつも注文してしまう。

●京都市東山区祇園町北側 347
☎ 075-541-9666
18:00 ～ 22:30　日·祝休　地図 P175

しゃぶしゃぶ未経験の俺だがこの皿を見て声が出た

手元をしていたおかげだと思う。

こうして文章を書かせてもらうことが出来たり漬物を漬けたり販売したり風呂敷に包んで漬物を発送させてもらったり出来るのは、十代の頃、職人さんの手元についてみっちり鍛えられたからだと最近つくづく思う。

十七歳の時に叔父が経営していた設備工事、いわゆる水道工事の店に住み込みで働くことになった。一般的な不良ではなくけったいな事ばかりをまき起こしてばかりの行き場のない俺を叔父が引き受けてくれた格好だ。

親方の家族が暮らす母屋の離れで何人かの職人さんと共に寝起きした。朝飯は母屋でみんな一緒に五分くらいで食べてすぐ事務所に出る。

その日の仕事の段取りを親方が職人さんに指示をしている間にガレージから俺が車を出してきてその日の仕事で使う道具や材料などを積める状態で待機する。

事務所から出てきた職人さんがあれとこれとあれと言ったことを聞き逃さず俺がひとりで素早く積み込み、一時間以上かかる現場まで運転するのも俺だった。

現場に着けば職人さんが仕事をするその手元を徹底的にした。手元というのは職人さんが仕事をしやすいように必要な道具や材料を運んだりそれを使う瞬間に渡したりするのだが「違う！」「遅い！」「逆や！」と一日中怒られた。

慣れてきて少しずつ間違わなくなると「これをやっとけ」「片付けとけ」「印をしたとこに全部材料揃えとけ」「道具が汚い」などと言われ続けるので俺はその人が憎らしくて仕方なかった。

仕事が終わってからも親方の家で並んで晩飯を食べる。ビールは親方が飲ませてくれて酒は職人おのおのが一升瓶を自分の席の横に置いて飲んで食べた。

ヌカ漬を木樽の蓋の上で切っているのは外国から来た友人が味見したいと言ったからだったと思う。ヌカ漬は切り立てがおいしい

飲めば標的はだいたい俺になるので先に御馳走様でしたと言って先に席を立ちたいのだがそれは出来なかった。

ハタチ前後の五年間のその手元仕事と住み込み生活があったから原稿を書いたり本を作ったり店を開いたり漬物を作ることが出来ていると思っている。

いろいろなことをやってきたがどの仕事も、気付くこととみんなが仕事をしやすい現場にすることに尽きる。

いつも同じように片付けていれば考えることも手間も減るし何か違いがあるとすぐわかる。不要な物や傷を見つけて三日後に直すより今すぐに直す方が三日間得だ。途方もない量の仕事も五パーセントやれば残り九十五パーセントだと言い回るし、多少どこかが痛くても戦時中の行軍を思い浮かべて我慢するのも手元時代に培われた。

さあ、あしたのために飲みに行こう。

ノイリーズ コーヒー&スピリッツ

〈木屋町四条〉

ウイスキーで溢れていた店から ネルドリップがあるバーへ。

「ノイリーズ　コーヒー&スピリッツ」というバーが西木屋町の古い会館にある。

　コーヒーとシングルモルトのウイスキーと音楽だけがあるカウンター6席ほどの小さい店だがこの店のマスターである「野杁《のいり》さん」は京都にとって不思議と大きい存在だ。

　三十年ほど前に、昭和な酒場を彷彿させる場所でゴキゲンなレコードがビッシリ並んでいた「ドレミ・バー」を始められ、ごっつええ感じだと思っていると二十五年ほど前に上木屋町のペントハウス的な場所にいきなり移って「ノイリー・バー」という名の店になり、星空を見ながら珍しいウイスキーが飲めるバーになった。

　そのうち珍しいウイスキーがどんどん増えすぎてボトルがバックバーから溢れカウンターにまで並びだして、とうとうカウンターの席数が何席も減るほどになった。

　随分前に「野杁さん」の家にお邪魔した時、京町家の二階の六畳ぐらいの部屋のひとつがレコードで山のように積まれその重さで部屋が歪んでいて驚いたことがあったのでウイスキーが客席まで溢れた店を見ても「あー、野杁さんらしいな」と俺は思うだけだった。

　そして八年ほど前に突然酒が溢れるそのバーをやめてコーヒーとシングルモルトだけの小さなバーを始めた。

　しかもコーヒーもウイスキーもセレクトされたものだけで種類も少なくレコードを置く場所もなさ

まさか野杁さんがいれるコーヒーを飲む日が来るとは思わなかった。その所作だけでうれしくなる

そうで、初めてこの店に行った時ちょっと驚くと同時に「あ、ここにはうまいもんしかないんや」と思ったほど「野杁さん」には狂気的に何かを追求する求道者という暖簾と存在感がある。

若い頃にはニュー・ウェーブ系のバンドのギタリストとしてメジャーデビューもしていたが、その頃よりもここ数年の街場のライブハウスでのギターは鬼気迫るものがある。

そんな「野杁さん」がネルドリップで入れてくれるコーヒーを飲めて京都の人はほんまにシアワセだと思う。

ウイスキーを飲むかコーヒーを飲むかいつも迷ってしまうが結局はいつも両方飲んでいる。膨らむ豆がうまそう

ノイリーズ コーヒー＆スピリッツ

「どうだ」みたいなウイスキーではなく千円台で飲める安くて美味しいシングルモルトにいつも感心してしまう。コーヒーだけを飲んで帰ろうと思うがそれも難しい。

●京都市中京区西高瀬川筋四条上ル紙屋町 367
たかせ会館 2F
☎ 090-3672-2959
17:30 〜 2:00　火曜休　地図 P174

〈先斗町四条〉

アルファベット・アベニュー

ここのマスターが作った酒を通算三万杯飲んだ。

京都の街場の中心を流れる鴨川は四季折々に表情が移ろい、さらに時間とともに表情が変化していくので違いのわかる酒飲みはずいぶん川を有り難がっている。

けれどもそれを売りにされると酒飲みはあまりうれしがらない。彼らはそういう生き物だと思う。

また鴨川納涼床や鴨川の正面を向いて飲める店は数多くあるが、浅く静かに流れる鴨川のその存在だけを感じながら飲める「アルファベット・アベニュー」のようなバーは意外に少ない。

先斗町から階段を上がり、色気も愛想もない鉄の扉を開けると「アルファベット・アベニュー」という独特な雰囲気が拡がっている。

店にはどこか弱者に優しいオーラが漂っていて、気にならない音だけれど聴けばどこから探してきたかわからないような惹き込まれる音楽がいつもかかっているのがこの店だ。

マスターは「木屋町のヨーダ」としても知られる酒場世界の黒帯で、そこにいてくれるだけで助かった感のある京都の街場の貴重な人物でもある。

明るくなく暗くもない灯りのカウンターでダークラムとカットしたライムをふた切れ頼む。開けっ放しになっている正面の大きな窓から鴨川の光と影のゆらぎと川面のかすかな音を感じながらライムをかじってラムを飲む。誰と話す必要もなく、何かを思うこともなく、なぜ酒を飲んでいるのかさえ考えなくていい時空がこの店にはある。

三十年ほど前から、グッとくるサルサがいつも流れ、珍しいラムがバックバーにビッシリ並び、タコスやトム・ヤム・クンが抜群にうまかった「クック・ア・フープ」という伝説の酒場があった。その店をやっていたのがこの店の

この店に行くのはなぜか真夜中が多いので翌日行ったかどうか覚えてないことがほとんどだ。それはあかんと思う

マスター。俺はほんとに毎晩のように「テ・キエロ」な歌やサルサを聴きに行っていた。
二十一世紀に入って「クック・ア・フープ」が閉店し、二、三年してこの店がオープンすると当然のように店に吸いつけられ毎晩通った。したがってマスターが作ってくれた酒を俺は通算三万杯以上は確実に飲んでいると思う。思えば「遠いとこまできてしもた」である。あー、というしかない。

アルファベット・アベニュー

この店でさりげなくかかっている音楽に惹きつけられている人は多い。ジャンルどうこうと説明さえ出来ないほど多岐にわたっている。マスターが気負いなく作ってくれるラムやウイスキーがなぜかまたうまい。そしていつのまにかマスターは若返っていた。

●京都市中京区先斗町四条上ル
松本町 161 大黒ビル 2 F
（かっぱ寿司南隣）
☎ 075-215-0069
18:00 ～翌 3:00　不定休
地図 P174

この写真はたぶん開店直後だと思う。尊敬する先輩の横に座れて喜んでいる白髪の小僧がストロークしている

〈河原町御池〉

タバーン・シンプソン

腕も折れよと上げ下げグラス。

「思いこんだら　試練の道を―」という『巨人の星』の主題歌のこのフレーズに俺はいくら助けてもらったかわからない。

助けてもらったのか、きつい旅に向かわせる動機を俺に与えさらに後押しまでして引き返すことを許さない呪文なのかよくわからないが、バーに向かう時、俺のカラダの中でこの歌のこの部分が繰り返し繰り返し流れていた。いや確実に流れている。

「行くが　男のー」のあとに続く「パパパパーッ」というラッパの音までが必ずワンセットになっている。

　ではなぜこの歌がバーに向かう時に流れ、そして俺に口ずさませるのかしかもラッパの音まで。

　それは行きたくない時でもバーに行かなければならないからである。いろいろある、いろいろあるんです。

　頭やココロが今夜もバーに寄ってチョット飲んで帰ろうとしても、カラダが「いやいやいやや、もう堪忍してほしい」と言う時もあるしお金がない時もあるし時間がない時もある。

　それでもバーに行かなければもっと大きな危機がやってくると本能が知らせている。

　バッカスの福音書その三の二の七章にこうある。

〝酒だけを求めるならバーは監獄である。酒とともにあるならバーは地平線を潤わす。バーは誘いもしないし引き留めもしない。そこにある条件を祝福なさい〟とある。

　なんだかわからないが実にそんな気がする。

　バーは自由にならないけれどそこで飲んでいる自分自身を人質に出せばとても自由に飲ませてくれるはずだ。

　簡単に言い換えれば「腕も折れよと上げ下げグラス」を泣きながら毎日繰り返せばいいのである。そしてそれに怯むようになった時に「思いこんだら　試練の道をー」と頭の中でリフレインさせてバーに向かえばいいのである。

　その時きっともう一人の俺が現れて損得のない世界へ連れて行ってくれる。だからバーは予約ができないのである。出来たとしてもしない方がいいと思う。

　タバーン・シンプソンは、過ごす時間と酒に対して肩肘張ることなくそれを大事にされているお客さんが多く、還暦前の俺が今でも後輩でいられる貴重な酒場。

食べるものも充実しているので食事をしに来られるお客様も多い。冬のオニオングラタンは泣ける

ボトルキープをしてもらってからもう 30 年近くなる。いろいろ飲ませてもらったが今はブラック＆ホワイト

よその街の奴をこの店に連れて行くと、帰りがけの階段を降りたときに「お前ええなあ、こんなとこがあって」とほぼ全員が言う。そんな店だ。

タバーン・シンプソン

開店の５時が待ち遠しいのは私だけではない。多くの街の先輩方も待っておられるそんな店。シックで磨きのかかった佇まいに気の利いた料理とマスターが司る店の空気が心地よい。毎晩年中通っても飽きがこない酒場中の酒場だ。

●京都市中京区河原町通御池下ル一筋目東入ル
☎ 075-221-2760
17:00 ～ 23:00　木曜休　地図 P174

御飲物

〈新京極四条〉

京極スタンド

初めて行ったのは高2の秋だった。

この写真は真冬。お茶代わりにかす汁を飲みながら熱燗を一本だけ頼んで休憩中のものだ

ひとりで行くことが多いけれど行きがかりじょう仲間と行くとついつい盛り上がってしまう

デートの最中にいきなり入った。二人とも公立の商業高校に通っていて暮らしの場もお互い下町だったので当時ヨソ行きで行くことが当たり前だったバリバリの繁華街の新京極を二人で歩いていて、高校生ながら「京極スタンド」の両開きのドアを押して入るのは今思ってもかなりスタンドプレーなことだった。

　ドアを開けると高校生の俺には店の中の全員が酔ったおっさんに見えた。帽子をかぶっているおっさんの率が非常に高く、煙草は全員が吸っているようだった。

　日曜日の夕方だからかテレビでは相撲をやっていたが俺は相撲など見る余裕もなくデートの相手の高2の彼女に、こういう大人ばかりのところにも慣れてるように思わせたくて、おっさん達の注文の仕方を真似してビールや食べ物の注文をしていた。

　その頃はビクビクすることよりも目の前の彼女に好かれたくて必死だったが、大人がたむろする場所には深みと濡れた魅力があることを高2ながら感じていたのでそれに触れたくて仕方なかった。

　生ビール二杯と約四十年後の今もスタンドに存続しているメニューのオムレツと串カツとおでんを注文した。

　目の前に来た一杯目のビールは五秒で飲んだ。初めて来た店の緊張とデート中のテンションの高さがジョッキの角度を上げヨソ行きの服を着ながら俺よりも緊張している彼女を安心させるために初めて入った店のことを何も知らないのに適当に語っていた。

「この店はナイター中継がある時

はもっと騒がしいんや」とか「正面で酒を作っている人の野球帽が曲がっているのは大洋ファンやしや」とか「店の人がチロリというたはるのは二級酒のことや」とか「煙草吸わんでもここにいるだけで煙吸えるんや」とかいいながらジョッキはすぐカラになっていった。

　その頃ちょうどジャニス・イアンの「セブンティーン」が流行り始めた時で、たまたま十七歳だった俺は彼女に、

「この歌はな、十七歳やし迷うけど前に行った方がええと歌てるんやで」などとむちゃくちゃ適当に言いながら、高2の頃からスパイ度が高かった俺は彼女にもう一杯ビールを飲め光線を出していた。

　それから四十年、行き過ぎることなく間が開きすぎることなくこの店にずっと通い続けている。その頃から飛び抜けて美しい女将さんを俺は「京極小町」と呼ばせてもらい、「京極スタンド」の六十周年のパーティーが盛大にホテルで行われた時も何故か俺も呼ばれていてヨソ行きのスーツを着て鶴亀のタップダンスというお祝いのタップをその時に編み出した。

　この街にはいい店がたくさんある。そして、家と職場ともうひとつの場所が「京極スタンド」ならシアワセな話である。

大昔から何も変わらない串カツとオムレツでビールを飲む時も豆腐か漬物で熱燗から始める時もある

京極スタンド

この店の近くに錦市場の漬物屋があるので喫茶店の代わりによくここで一杯だけ飲むときがある。特に冬場の漬物店は寒いのでかす汁をここでいただきながら相撲を見るのが大好きだ。ついつい二本目の酒を注文したくなるがそうなると後戻りが出来なくなるので我慢して店に戻って仕事をする。休憩ではなく飲みに行っていつも注文するのはちくわの天ぷらとオムレツと漬物盛り合わせ。なにがどうこうより京極にスタンドがあることが素晴らしい。

●京都市中京区新京極通
四条上ル中之町 546
☎ 075-221-4156
12:00 ～ 21:00　火曜休
地図 P173

遠いところからのお客さんも多いけれど近所の方も多い。客層が変わったとかどうとかで行く店を変えるのは邪道だと思う

居酒屋やバーに入るときは出来るだけ気配を消して入るのが基本だと思う。よく流行っているうどん屋や洋食屋の場合は店が賑やかなので、入ってここに座りましたよ的なオーラを出す必要もあるがバーでそれは基本的に不要だろう。

少し前にサンボアの百周年のパーティーが京都と大阪と東京であった。去年の春ぐらいからサンボア全店で各洋酒メーカーが協賛していい酒をちょっと安く飲めるキャンペーンがあったので早くからサンボア百周年のことは知っていた。

サンボアとは長い付き合いになった。母親に連れられて寺町のサンボアに行ったのが十代の頃。それから無理をしてハタチぐらいからひとりで行くようになり気が

〈寺町三条〉

京都サンボア バー

サンボアとも長い付き合いになった。

つけば四十年も通っていることになる。

それでもサンボア百周年の半分にもならないことを思うと街の人がいかに酒場好きなのかを思ってしまう。

京都でのパーティーは日が合わなかったので大阪のリッツ・カールトンで催された「サンボア百周年を祝う会」と冠されたパーティーに寄せてもらうとさすがに年季が入った人が多く四十年選手の俺で中堅だった。どこか空気感が普通と違うマダムやべっぴんさん、酒と煙草をたっぷり吸ってきた感じのステッキや車椅子の大先輩もたくさんおられる中に街の酒場のオーナーバーテンダーや俺らのようなイロモノもいて、久しぶりにワクワクしたパーティーだった。

サンボア全店の方がステージに並んでおられるのを見ていて「京都サンボア」いわゆる寺町のサンボアの先代のマスターのことを思い出していた。

「四時からですねん」

初めてお目にかかった時のことはあまり覚えていないが、二十代の頃から何度も行き始め通い慣れてきた三十前後の頃、開店時間（その当時は四時開店だった）の五分ほど前にギーッと扉を開けると、開店準備が出来た状態でマスターは新聞を読んでおられた。

　開店した時のバー特有のいい匂いとシンとした空気がして店に入るとマスターが「すんませんな、四時からですねん」とおっしゃった。俺は「えっ」と思いながらも「ほなもうちょっとして来ますわ」と店を出た。

　そして寺町京極や新京極の服屋を二、三軒回ってから四時十分くらいにサンボアに戻りドアを開けると、ひとり客の方が四人もいた。

　三十年くらい前のことだがこの時のことは忘れられない。バーのことが大好きになった瞬間だと思っている。

「Tシャツあきませんねん」

　こんなこともあった。サンボアによく通うようになって時々マスターから声をかけてもらい始めた頃、いつものように早い時間に行ってカウンターに座るといつものようにコースターが滑るようにシュッと出てきたと思った瞬間、そのコースターがスッと下げられ「お兄さん、うちはTシャツあきませんねん」と静かにいわれた。一瞬俺はこのTシャツかなり上等なんやけどと思ったが諦めてスッと店を出た。

　そして三条京極界隈には服屋が多いので一番近くの店でボタンダウンのシャツを買って着替えてサンボアに戻ったらマスターが何も言わずニコッとしてくれた。マカロニウェスタンの悪役スターのリー・バン・クリフのようなニヒルな笑顔だった。

　数十年前、その先代がお亡くなりになったことを京都新聞で知ったその日に先斗町の「ますだ」という居酒屋にたまたま行って、「サンボアのマスター亡くなられたみたいですわ」とご主人に言うと隣で飲んでおられたお客さんが話に入ってこられた。するとその

ウイスキーの飲むスピードがいつもより遅いと「珍しいこともあるんやな」とマスターが笑って言ってくれる。面白い店だと思う

横のお客さん達も話に入ってこられいつのまにかサンボアのマスターのエピソード大会になった。その中のエピソードにこんなのがあった。ウイスキーの空瓶をサンボアの横の路地にいつも出されていて、ある日その空瓶に微かに残った酒をホームレスのような人と並んで一緒に飲まれていたという話で、そのために空瓶にちょっと酒を残して出していたとも聞いた。そして一緒に飲まれていた人は以前サンボアのお客さんだったということも聞いた。

現在、寺町のサンボアは先代の息子さん（といっても俺より年長だが）がマスターをされている。時々、仕事の帰りに扉をギーッと開けてマスターのお顔を見るだけで何かが伝わってくる。俺にとって言葉なしで挨拶が出来ているような気がする貴重なバーだ。

そのバーの何がおいしいかを知るよりも、そこにそのバーがあることの幸福を知った方がはるかに値打ちがある。

バーとは長く付き合った方がいい。そう思う。

京都サンボア バー

大阪に行けば堂島のサンボアに行きたくなるし、東京に出るときは数寄屋橋のサンボアで飲ませてもらう。それでもやっぱり俺は寺町のサンボアがホームグラウンドだ。たくさんの人と飲んだ。スーザン・サランドンな母親、数年前に亡くなられた泣き坊主の師匠、岸和田の編集者、新地のハスキーボイス、切れた服屋のオヤジ、パリーグの男、酒ピエロ……

●京都市中京区寺町通三条下ル桜之町 406
☎ 075-221-2811
18:00 頃～ 23:30
火曜・第 2 水曜休　地図 P173

ここのドアをどのくらいの人が開けて入ったんだろう。その数よりも顔ぶれの方に興味がある

カウンター9席と4人掛けの丸テーブルなどのボックス席がある。顔ぶれは様々だが街場で長いこと飲んできたお客さんが多い

〈先斗町三条〉

川崎バー

時代が求める「またきてしもた」な、酒場。

ホテルのメインバーやノイズの少ない街場のバーのメインディッシュは「こうしてこの地のこの店で、今、俺がこれを飲んでいることをこの世のいったい誰が知っているのか」というフレーズだと俺はよく思う。

特に大きなホテルのバーで飲んでいると個体記号が知られていないことを感じて、目の前の酒が近くなるあるいはそのグラスが仲間のように思えてくるのは俺だけか。

街場のバーでもそれが得られる店はある。バックバーのボトルやカウンターがよく磨かれ、乾いた空気のあるバーなら「遠いとこまで来てしもた」という酒飲みの永遠のテーマが降ってくる。

　俺の場合はその店がたとえ近所のバーであっても二杯目の酒がカラになる頃に「遠いとこまで来てしもた」を無言でつぶやいてしまう。

　バーや酒場の魅力は、この世と自分の関係や存在をシラっと感じさせてくれることでもある。

　そして「遠いとこまできてしもた」ではなく「また来てしもた」と思わせてくれる店も街の宝だと思う。知っている顔のバーテンダーが「こんにちは。どうも」と笑顔で迎えてくれるバーは我々を触れることなく抱きしめてくれる。

　「川崎バー」という酒場は先斗町の歌舞練場近くに何年か前に出来た店だが、京都の老若男女行き交うセントラルステーションのような酒場として昭和の頃から三十年以上人気のあった「バー・アルペジオ」を継承している店で多くのファンがいる店だ。

　奇をてらったり意匠を凝らした内装ではなく、あえて使い込まれた何気ない店を長い時間をかけて探し、いきなり居心地のいい酒場臭い店にしたというところに、「誰も孤独死させない」というマスター川崎氏の意地が見える。

　床はすり減りカウンターには様々な傷や染みがあり聴き慣れたレコードがいつもかかっている。まさに「またきてしもた」なバーを象徴するかのような店だと思う。時代はこれを求めていると思うのは俺だけか。

川崎バー

この店はボトルをキープすることが出来る。スタンダードなウイスキーなら5,000円くらいからあり、セット料金は1,050円なので家と職場ともうひとつの居場所としては最適だと思う。カクテルやハードリカーのロックを飲んで2時間も3時間もいられないし、財布的にもきつい。ボトルがあれば千円くらいでいつまでも飲んでいられるバーこそ絶好の居場所なのだ。

スナックも似てるがスナックはもうひとつの居場所あるいは陣地にしてはいけない。スナックは相手をしてくれる人がいるし歌もあるので、会話をしないといけないし人の歌を聞かないといけない。陣地は何かをするところではなく、何もしなくてもいいところでないと意味がないからだ。そういうわけで、今夜もたぶん水割りのグラスを見つめて川崎バーで静かに腕を上げ下げするのだろう。それでいいと思う。

●京都市中京区先斗町通三条下ル材木町 178-3
☎ 075-255-1224　19:00 ～翌 1:00　無休　地図 P174

〈祇園〉

バードランド

百の扉、千の酒。素敵なタイトルだ。

扉は外と中を遮っているが、中へと繋がっているから入れという誘いの象徴でもある。扉とはいったいなんなのだろう。

そう言えば元々文章を書くことを仕事にしていなかった俺が、いきなり雑誌で連載を始めることになったその時のコラムのタイトルが「百の扉、千の酒」だった。

街には様々な扉があり、それぞれその扉の中には無数の酒、無数の場面があるということを自分自身が飲みに行く様やその時に採集したフレーズで店や場面を紹介していた連載だった。といっても今もまだ続いていてなんと連載開始からもうすぐ三十年になる。いったい俺は何を書き続けているんだろう。

思えば約三十年近く前に、街には無数の扉が存在することを意識したことは我ながらファインプレーだったと思っている。

当時、本当に街の扉を軒並み開けて入っていた。そして中で飲んだ。扉ひとつひとつに憧れを持って接していた。

どんな扉にもその中には独特の世界があり、その世界は酒が減るとともに刻々と変化し続けていることをすり込まれた。

祇園のバー「バードランド」の象徴でもある赤い扉。早い時間よりも遅い時間に行くことが多いバーなので開けた記憶が不思議と消える魔法の扉だ。

店内はかなり暗めでいつもジャズがかかっていて翌朝はマイルス・デイヴィスの音と断片的な画像だけが残っていることが多い。特にキャノンボール・アダレイの「サムシン・エルス」は何度聴いてもいつもやられてしまう。

街にある扉ごとに世界があるなら気持ちが助かる扉もたくさんあ

一年ぶりに着た夏物のジャケットのポケットから出てきた箸紙に「歌は語れ、セリフは歌え」と書いてあった。いつどこで書かれたものなのか全然思い出せない

ると思う。いや助からない扉などない。扉があることは幸せなことなのだ。だから今日も街に出てドアを開けよう。永ちゃんありがとう。きつい旅だぜ、ほんとうに。

バードランド

祇園は富永町通の切り通しにあるバー。ここに行くのは遅がけが多い。バーで飲むことが好きな男や女と数え切れないほど行った。弾き語りのピアノを聞いたこともあれば不覚にもカウンターで眠ったこともある。バーを書くのは本当に難しい。

●京都市東山区八坂新地富永町 112 キャッスルギオン 3F
☎ 075-531-1730
19:00 〜 3:00　日･祝休　地図 P175

〈錦小路寺町〉

立ち呑み 賀花

立ち飲み屋は磯辺の浅瀬である。

立ち飲み屋というか立って飲むところへは行ってはいけないと思っていた。

子供の頃に住んでいた街にも立って飲める酒屋はあったし、そこへよく酒を買いに行かされたので馴染みはあるがそこはどこか立ち入り禁止の場所だった。

また、そこで飲んでいる大人の顔はみな同じに見えたし酒臭いおっさんばかりだった。それに比べすぐ並びにあった小さな居酒屋で飲んでいるおっさん達の方は普通に見えた。

そのせいか私はつい最近まで立ち飲み屋で飲むことがあまり好きではなかった。かといって全く行かないわけでもなく、誰かと一緒の時や流れで行きがかりじょうい

樽から出して井戸水で洗ってざくざく切って出されるヌカ漬の盛り合わせは値打ちがあると思う

このおしながきの盤は近所の寿司屋さんが改装される時にもらってきたもの。年季が入っている

ろんな街の立ち飲み屋で飲んできた。

酒そのものよりも酒場や酒を飲む時の空気の揺れが好きなタイプなので、立って飲むということは酒だけを求めているようで立って飲むところにはあまり足が向かなかったのかもしれない。

しかしその考えは実に浅はかだった。

立って飲んでいると座って飲んでいるより酒場特有の様々なフレーズを感じることも多いし、気も飛び交うことになるし、人と人の距離が近いので関わる関わらないは別としてその街の波打ちぎわの生態系の中で飲むことになる。

街の酒場の魅力は様々な生き物が序列なしに行き交いながら飲み食うことだとすれば立ち飲み屋は磯辺の浅瀬のようなところだろう。

磯辺の浅瀬はけったいな生き物の宝庫だ。ウニやヒトデやイソギンチャクやゴカイに亀の手、カニもナマコも歩く魚も飛び跳ねる魚もいる。独自の進化を続けてきた生き物達が寄り添って生きている。

街の立ち飲み屋に五十年通えば誰もが独自の進化をするはずだ。

そんなことを考えていたので通う方にまわりたいと思っていたが、気が付けば私が立ち飲み屋を始めていた。

始めた理由はそこにスペースがあったこととそのスペースが狭かったから立ち飲みのスタイルになっただけだ。

錦市場の漬物屋のヌカ樽が並んでいた場所を片づけて酒を数本置いた状態で始めた。当初は酒の肴は漬物だけだった。しばらくして酒場でよく会う奴が俺をさらうように連れてくれたのが上京区の立ち飲みの名店［井倉木材］だった。

　噂はよく聞いていたが行くのは初めてだった。行った瞬間ガーンときた。抜けた佇まいと酒場の色気がそこにあった。肴もシュッとしていたし特におあげ焼と金太郎いわしにグッときた。それと店のそこかしこから語ってくる何かがあった。

　立ち飲みごちゃごちゃではなく、立って飲む居酒屋、そんな店だった。勉強になった。

　私は次の日から漬物以外の肴を用意したし［井倉木材］の真似をして板で立看板を作ったし、壁に貼っている品書きを増やした。

　そしてそれまで漬物屋の一角と呼んでいたのだが、店名を［立ち呑み 賀花《がばな》］とあらためて付けた。

　そんなこんなで立ち呑みを始めるとヌカ樽を積み重ねたハイテーブルは浅瀬の岩と化し、独自の進化をした人達がその岩に酒を置いて立って飲む風景が現れ、店は街の水場としての役目を果たすべく今日も昼からトリオ・ロス・パンチョスのCDをかけて浅瀬にさざ波をおこしている。それでいいのだと思う。

隣の漬物店で夏場は胡瓜やスイカや水茄子を串に刺して販売もしているのでそれを買って飲む人も多い

立ち呑み 賀花

　錦市場の漬物屋の立ち飲み屋。ヌカ樽が並ぶ奥で錦市場を行き交う人たちを見つめながらいや見られながら飲む。アテはヌカ樽の漬物やすぐきや聖護院かぶら千枚漬などの旬の漬物や錦市場の川魚や豆腐。輝く青年達が運営している。

●京都市中京区錦小路通寺町西入ル
東大文字町 289-1
☎ 075-256-3123
11:00 ~ 19:00　無休　地図 P173

〈祇園〉

バーいそむら

酒場でのことは夢まぼろしだ。

祇園は富永町のコッキ会館二階の「バーいそむら」で初めて飲んだのはひと回りぐらい上の街の先輩と一緒だった。

「バッキー、メシ食う前にいそむらいこか」といわれて連れてもらった。

階段を上がり扉を開けるなり先輩に「まあとりあえずマティーニのロック飲んどけや」といわれた。先輩はここではマティーニのロックと決めているらしくそれをふたつ注文するとマスターが作る所作には無関心でバックバーの奥の小さなテレビのニュースを眺めながらマスターとテレビの事件について話していた。

出来てきたマティーニがなんだか美味かったので先輩より先にグラスを空けてしまい俺が「しもた」という顔をすると「うまいやろここのマティーニ」と先輩は喜んでいた。随分昔の話だが昨日のことのように覚えている。

バーで覚えているのは場面だけで酒の種類や味のことはほぼ覚えられない。飲めば忘れるし俺の場合は毎日毎晩、酒の上書きをし続けているので画像は残るが理屈は残らない。酒場での話もあまり覚えていないことが多いので、酒場でのその瞬間のそこら辺の何かを採集というか翌日に鑑識へまわすために、コースターやらレシートの裏やらなどに読みにくい字でメモをしてその瞬間のなにかが残るカケラをポケットに入れて帰る。

そしてここに来ると二人の母親のことをよく思い出してしまう。ちょっと二人の母親のことを書かせてもらう。

ソフィア・ローレンな母。

幼稚園の頃には「お姉ちゃん」と呼んでいた人がいつのまにか家の「おかあさん」になっていた。

この店には酒場の匂いがわかる奴と行きたい。マスターの手が空いたのを見計らって絶妙のパスを出したい

今思えば三つか四つの頃に親父が俺を産んだ母親と別れて、あとか同時かわからないが付き合っていた「お姉ちゃん」と再婚したのだと思う。けれどもその辺の記憶が俺には全く抜け落ちている。

三つぐらいまで一緒だっただろう母親の記憶もないし新しく現れた「お姉ちゃん」といつから一緒に暮らし始めたかという記憶もない。

小学校に入るまでの記憶がバサッとなくなっていて、七歳から九歳あたりは外の世界との戦いと女の子の体に夢中になりながら過ごしているうちに「お姉ちゃん」は「おかあさん」になっていた。

よく覚えているのは、人参が大嫌いで全く食べられなかった小学生になりたての俺に、生の人参を食べてからでないと朝ごはんを食べさせてもらえなかったことだ。鬼かと思った。

初めは千切りの人参を一本か二本。目をつぶって噛まずに飲んでから朝ごはんを食べさせてもらっていた。毎日その千切りの人参が少しずつ増えていって一ヶ月もすると人参だけのサラダのようなものを食べてから朝ごはんを食べるようになっていた。今思うと鬼かと思った躾のおかげで好き嫌いが全くない子供になっていた。

そして「おかあさん」は「お父さんの真似だけはしんときや」が口癖だった。

親父は、昼は商業デザイン今でいうデザイン事務所をしていて毎日ジャズやハワイアンのレコードをかけながら烏口《からすぐち》や面相筆やポスターカラーを使って何人かのスタッフと仕事をしていた。ただ親父は夕方になるとビールを飲みながら晩飯を早めに食べてからバンドの仕事やといって毎晩盛り場に向かって出て行き、帰るのはいつも真夜中だった。

親父が出て行くと家には俺と「おかあさん」だけの時間になった。毎晩二人でポツンと何も話さずテレビでやっている映画ばかりを見ていた。当時は月曜ロードショーから日曜洋画劇場まで毎日9時から映画番組があった。

「おかあさん」はかなりの映画好きだったので時々俳優のことや監督のことや物語の展開について
コーヒーを飲みながら話してくれた。俺には薄いコーヒー、今でいうアメリカンのさらに薄いのをブラックで飲ませてくれた。

「おかあさん」は『ひまわり』に出ていたソフィア・ローレンとよく似ていて、いつも少し怒ったような顔をしておっぱいが上を向いて足がスラッとして綺麗だった。

中学生になる前に弟と妹が出来て家は賑やかになりソフィア・ローレンは大変だったと思うがクールに色々こなしていた。

俺が学校や街で傷つけた相手の家に謝りに行くためにそのソフィア・ローレンはその時だけ着物を着てテレビコマーシャルのように風呂敷に包んだ菓子箱を持って謝りに行っていた。

謝りようのない謝りの場へ一緒に行った帰り道はふたり無言で歩いた。家でも必要以外のことはあまり話さなくなっていたがお互いに認め合っていた。そんな気がしていた。

十八歳になった時、家から少し離れていた俺の部屋（独自の玄関があった）に「おかあさん」と同じ年くらいのきれいな女の人がいきなり現れた。

真っ赤なコートを着たその人は俺を見るなり抱きつき何かを言っていたが聞き取れなかった。

少し酔っているような感じで酒の匂いと香水の匂いがした。わけがわからないまま抱きつかれたので俺は勃起した。1分ほどするとプイッと俺から離れ、無表情な感じで「あんたヒデオくんやろ、ちょっと付き合って」といってハンカチで涙を拭いてコンパクトで顔を見ていた。

俺はその時に「この人は俺を産んだ人だ」となぜか強く思ったが俺は「あの、どちらさんですか」と聞いた。するとその女の人は無表情のままで「あんたのおかあさんやん、ごめんなほったらかしにしてしもて」といって初めてニコッとした。

そして「ヒデオくんお酒飲めるのやろ、ちょっとついてきよし」というとすぐにドアから出ていったので俺も慌ててついていった。

それがスーザン・サランドンな母親との出会いだった。

真っ赤なコートの母親。

スーザン・サランドンな母親はすぐにタクシーをとめて振り返りもせずに車に乗ったので俺も慌てて乗った。

十数年ぶりに会った息子やのにもっとかまってくれよと思いながら横顔をちらっと見ると鼻をツンと上げて怒っている感じがした。

タクシーは縄手通から花見小路へ抜けて建仁寺の裏に入った。高校の時に何度か行った「ホテル・キング」しかない細い筋なので一瞬ホテルに行くんかと思ったが、そこからさらに路地を入ったところに店があった。

真っ赤なコートを着たスーザン・サランドンな母親は路地を足早に歩いて木製のドアを開けると八席くらいのカウンターとボックス席が二つほどある重厚な感じのバーだった。黒いベストを着たマスターと若いバーテンダーがいて煙草のいい匂いがした。

「おっ、どないしたんや今日は若い子を連れて」とマスターが言うと、鼻を上に向けたスーザンな母親は無表情で「この子、ヒデオ」とだけ言うとマスターがすかさず「この子かいな」と言って俺の目の前に来て品定めするようにジッと見て泣き始めた。俺はどうしたらいいのかと思った瞬間、「ヒデオくん、早よ座りぃーな」とスーザンな母親が言ったのでちょっと助かった。

　スーザンな母親は目の前に出て来たサントリー・オールドのボトルを見て「水割りでえぇのか」と意外とやさしく俺に聞いてくれた。すぐにマスターがカウンターの中に入って俺の前に立ち、手慣れた動きで水割りをふたつ作りながら「ずっと聞いてたんやで、あんたがちっさいちっさい頃から」とか「あんたの誕生日の日に何回も荒れてたさかいな」とかをスーザンをチラチラ見ながら話していたが、スーザンは鼻を上に向けてジッと前を見てまぶたをバサバサさせてまばたきをしていた。

　そして三杯も飲まないうちに「行くで」と言って席を立った。マスターが「今日は酔わんとふたりで話ぐらいしいや」と言っていたが真っ赤なコートを着た瞬間にスーザンは出て行った。

　外に出て四条を北に渡ったので、まさか親父の店に行くんとちゃうやろなと思ったが花見小路を東へ入ったのでホッとした。

　古いビルの二階の店に入ると肉感のあるママが一人でいた。いらっしゃいという声のあと肉感のあるママがスーザンに目配せをしてからうなずいたのが俺にもわかった。

　俺は出来るだけ期待通りの若者になろうとしてニコニコしていたらスーザンに「あんたブサイクやな」と即座に言われた。俺はその瞬間に「この人には役者は通用せえへんな」と思った。それからその店の肉感のあるママにあれこれ話されたが全く記憶にない。そしてこの店は一杯だけで出た。

　富永町を歩きながら「あんたおなか減ってへんか」と言われてなぜかわからないが一瞬泣きそうになったが、スーザンが川端通に出て親父の店があるビルの前まで行ったので俺はそれどころでなくなった。

　そして「どこに行くんですか」と慌てて聞くと「あんたのパパとこやんか」と言って真っ赤なコートをひらひらさせて階段を上がって行った。俺はこのまま階段を上らずひとりで帰ろうと思ったが「なにしてんの」とシュッとした目で睨まれたので「あ、いく」と言って親父の店「ケルト」のドアを開けて入って行く真っ赤なコートのあとをトボトボついて入った。

　親父は入って来た二人に一瞬驚

いた表情を見せたがすぐスーザンに「なんや」と強い口調で言ってから俺に「ほんでお前は一緒ににしてんにゃ」とさらに強い口調で言った。スーザンが親父に「ええ子に育ててくれたなあ、ありがとうえ」と言ってカウンターに座ったので俺も小さくなりながら座った。

他のお客さんもいたので親父もそれ以上はなにも言わず瓶ビール一本だけ出して隣の隣の客と話し始めた。10分もしないうちにスーザンは「ごめんやで、やっぱり出よ」と言いながら財布からお金を出して席を立った。親父は平然とした顔をしていたが色々渦巻いていたはずだ。

川端通に出るとスーザンがいきなり俺に抱きついて「あんたわけわからんやろ、今日は帰ろか」と言って初めてニコッとしてくれた。そして真っ赤なコートをひらひらさせて足早に四条大橋を渡って行った。これがスーザン・サランドンな母親との初めての出会いだった。

俺はスーザンが橋を渡ったのを見てから俺もその橋を渡り始めその頃よく泣き言を吐きに行っていた「シャナナ」という木屋町の店に向かった。

店の中にあるひとつひとつのものが飲む我々をそっと見つめ語りかけてくる。何年も同じ位置にあるカレンダー

バーいそむら

祇園の微妙な場所にあるので宵の口や営業的付き合い飲みからエスケープした時に行くことが多い。たいがいひとりなのでマスターと世間話をしながら飲んでいる。二杯飲んでしまうと映画の話をしてしまう。昔から年間二百本以上は映画館で映画を見続けているマスターにコーナーギリギリのボールを投げても通用しないので、『ひまわり』や『太陽がいっぱい』など自分が大好きな映画の話だけをすると優しいボールを返してもらえる。酒場の素敵な時間だ。

このバーには勝新太郎さんが撮影仲間とよく来られていたようでその残り香が店のあちこちにある。それだけでも飲む値打ちがあると自己弁護的な解釈をしておかわりをしてしまう。酒場でのことは夢まぼろしだ。それがわかるまで俺の場合とても時間がかかった。

［バーいそむら］には失ってはならない昭和の日本のあの匂いがある。その匂いがどのようなものかを伝えられるようになりたい。

●京都市東山区富永町花見小路東入ル
北側コッキ会館 2F
☎ 075-561-4312　18:00 ～ 22:30
第 2・4 日曜休　地図 P175
※昭和 40 年（1965）に開業された［バーいそむら］は平成 30 年 12 月末に閉店されます。

初代、生き物流。ソルロンタン参上。

きっかけがなんだったのか忘れたが酒場やその周辺のことについて書き始めてもう三十年以上になる。

三十年前から書いていることはずっと同じだ。いつまで同じことを同じノリで書き続けるのかとも思うが、指が勝手に書いているのだから仕方ないと思っている。勝手に動くその指でさえも四十の頃から比べると随分変化したように見えるしそう感じている。

いろいろ衰えたと感じることは正しいのだが、生き物流では衰えたと見なさず進化したと捉えるのが奥義だ。

走りが遅くなったのではなく走ることを減らしたからスピードが下がったあるいはこける可能性が増えてきたので速く走れなくしたと解釈する。

記憶力が悪くなったのではなく記憶を消す術を身につけたのでメモリーを圧縮することに成功しているだけだと解釈する。

細かいものが見えにくくなったことは確かだがそれを老眼と捉えず見えなくてもわかる能力がアップしたから細かいものを見る必要が減ってきたと考える。

酒場においても生き物流は流れを感じて来るべく時間を読んで飲む。酒場はひとつの世界がある。なかったとしても「ある」と断じて酒場にいた方が断然生き物は進化できる。

たとえば居酒屋のカウンターで飲んでいる。引き戸の音がして暖簾が揺れるのを感じ誰かが入ってきたことがわかっても俺は絶対に入り口を見ない。見ているようでは手練れにはなれないからだ。

目の前のガラスのコップに入った一合の酒をジッと見つめながら次に何を注文すればお店に喜んでもらえるか、他のお客さんの流れを読みなが

いつもは座らない赤垣屋の特等席での写真。
俺が好きな席は後ろに見える階段の踊り場。
ビールケースの上に酒を置いて飲む

らアテを注文するタイミングを考えている。

店で気配を消すことも「かまってくださいオーラ」を出すことも出来る。帰るときの間も計っているし勘定も計算することなくイメージと照らし合わせるだけにする。

宵の口のバーで一杯目のアタリが少しきつい時は細胞飲みをする。うまくすることもまずくすることもできるのもまた生き物流の奥義のひとつでもある。

遅がけの酒場で不覚にも眠ってしまった時には起きてすぐ何もなかったように酒をもう一杯注文する。すべては生き物として進化を遂げるために酒場はあるし酒場そのものが生き物でもあるのだ。

酒なんかどこでも飲めるけれど酒場で飲まないと損をする。生き物が最も進化しやすい空間が酒場だからだ。そして酒場自体が生き物のようなところでは飲まないといれないし、飲むことで酒場に呑まれてしまえば進化する自分が感じられて励みになる。

生き物は現在の自分を決して否定しないはずだ。必ず進化を見出すと思う。それが具体化して見えていなくても必ず進化はする。進化しないことも進化だし、退化したり駄目になることも進化なのである。

俺の場合、ディスコの鏡の前で真剣に踊っていた十代の頃よりも、コリオグラファーになろうと思うほど勝手に身体が踊っていた二十代の頃よりも、ツレの披露宴でダニー・カレキニのように階段を一段ずつ降りながらハワイアンウェディングソングを原語で歌った三十代の頃より、スナックで「済州《チェジュ》エア・ポート」を歌いながらステップを踏んでいる五十代の今の方が断然、手練れ度は高くなっている。

それが勇み足人生であっても、捨て石・鉄砲玉・噛ませ犬と三連打で評価されても、一本目のダッシュから全力でいくのだ。エネルギーの配分を考えて走れば進化は遅くなる。

少し前に十七歳の姪っ子がオタクっぽい妹に対して「オタクになるくらいやったらヤンキーになり」と言っていた。昔ヤンキーではなかったがその時俺はガーンときた。美しい言葉だと思った。

オタクがよくないとは全く思わないけれど裸になって傷ついた方が生き物として進化しやすい。進化するための傷ではないが傷はズシンと伝えてくれる。五十代になって十代の時についた傷跡を風呂で見て何も考えられなくなることも進化する瞬間だと思う。

生き物流の伝承者として俺はこれから全国行脚しようと思っている。そして俺の名はソルロンタン。カマンベール。

コップに酒がなみなみと注がれているがスパイはこれが苦手だ。口や顔を近づけなければならないので俺はいつも２ミリ下がりにしてもらっている

街のご馳走は過ぎていった時間だ

〈六角新京極〉

龍鳳

街の店とメシに同期して生きてきた。

実は昼メシも晩メシも俺は必死で考えている。それはその日の昼メシも晩メシも食べてしまったらその枠というかシアワセな時間がなくなってしまい、二度というか次に腹が減るまで取り返しがつかないということを、子どもの頃や十代の頃からそこらじゅうの店で思いきり刷り込まれてきたからだ。

京都の街にはうまいもんが昔から山盛りあった。

十歳くらいまでは京都大丸の錦小路側辺りに家があった。その頃のことはあまり憶えていないが、それから七条の本町に引越しをしてからのことはよく憶えている。ごく普通の下町だったがゴキゲンな街だった。

子供の頃はひとりでは行けなかったが隣の町内も含めると近くにうどん屋が三軒あったし、大人向けのお好み焼き屋が二軒、子供だけでも行ける公設市場内のお好み焼き屋も二軒あった。

そのあたりにはお好み焼き屋にたこ焼き屋、たい焼き屋に冷やし飴屋など子供でも食べに行けるうまいもんが密集していた。まさに本町だ。

毎日この店の前を何度通るかわからないほど慣れた場所にある。店の中を見てご主人が文庫本を読まれていると入ることをついつい躊躇する

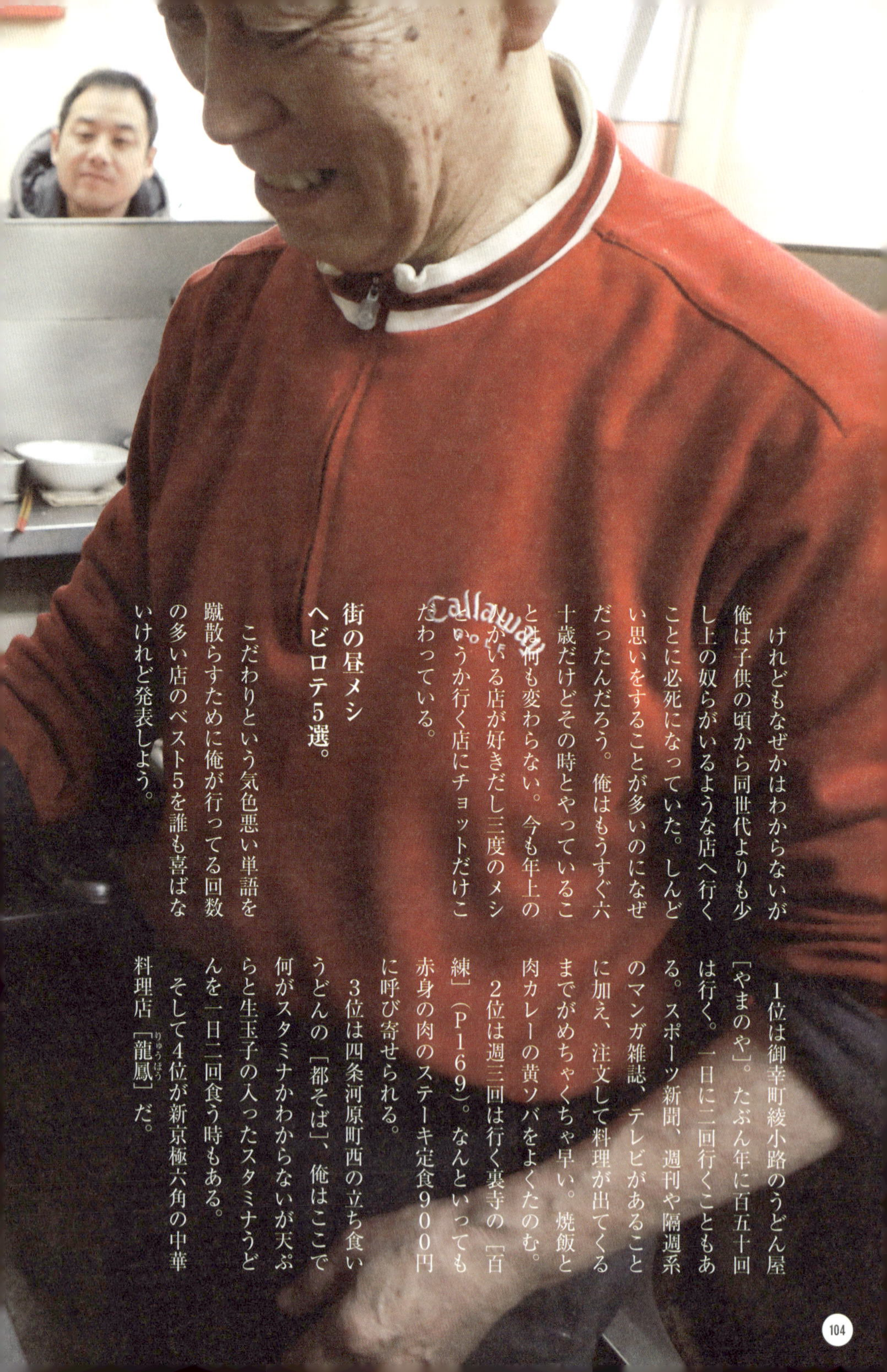

けれどもなぜかはわからないが俺は子供の頃から同世代よりも少し上の奴らがいるような店へ行くことに必死になっていた。しんどい思いをすることが多いのになぜだったんだろう。俺はもうすぐ六十歳だけどその時とやっていることは何も変わらない。今も年上の客がいる店が好きだし三度のメシというか行く店にチョットだけこだわっている。

街の昼メシ ヘビロテ5選。

こだわりという気色悪い単語を蹴散らすために俺が行ってる回数の多い店のベスト5を誰も喜ばないけれど発表しよう。

1位は御幸町綾小路のうどん屋「やまのや」。たぶん年に百五十回は行く。一日に二回行くこともある。スポーツ新聞、週刊や隔週系のマンガ雑誌、テレビがあることに加え、注文して料理が出てくるまでがめちゃくちゃ早い。焼飯と肉カレーの黄ソバをよくたのむ。

2位は週三回は行く裏寺の「百練」（Ｐ１６９）。なんといっても赤身の肉のステーキ定食９００円に呼び寄せられる。

3位は四条河原町西の立ち食いうどんの「都そば」、俺はここで何がスタミナかわからないが天ぷらと生玉子の入ったスタミナうどんを一日二回食う時もある。

そして4位が新京極六角の中華料理店「龍鳳《りゅうほう》」だ。

龍鳳名物のからしそばの
奥義の写真。カウンター
の向こうで待ち遠しそう
な顔をしているおいしい
もの好きの人

あー、後頭部にチーンのカラシソバよ。

写真は名物カラシソバが出来る瞬間。鉢の中にどっさり入れられたカラシと醤油が見える何とも言えない奥義な図だ。

カラシソバは湯麺でも焼そばでもなく、湯がいた中華麺に具がたっぷりの中華あんとカラシを絡めたもの。出来上がってきたものを鉢の底から裏返すように麺を引き上げるとカラシの匂いがツーンときてゾクゾクする。そして一口食べると後頭部にチーンとくる。まさに「こ、こ、これはー」というセリフが出る感じだ。

「龍鳳」は京都に続いてきた街の中華料理の系譜に連なる貴重な店だが、それよりもスポーツ新聞と劇画の『鬼平犯科帳』があるので俺の昼メシの先発ローテーションの一角になっている。

しかし俺はあまりカラシソバを注文しない。かしわ玉子炒めとごはんと白菜スープをいただくことが多い。どちらかというと常連はカラシソバよりもいつも違う料理を頼まれることが多いようだ。

何年何十年も通うのだから自然にそうなっていくのだろう。お客さんがいない時ご主人はいつも座って文庫本を読まれている。その光景がこれからも続くことを願うのは俺だけではない。

出来たてで湯気にもからしの香りがツンときてたまらない。ちなみに近所の人は焼きめしを頼む人が多い

実にのんびりとした日常の風景。カウンターの端で食事をされているのは俺が行ってる散髪屋の親父さん

龍鳳

昭和四十年代の京都を舞台にしたこの街で暮らしてきた者にとってはたまらない映画『パッチギ！』を十年ほど前に映画館で見ていた時、龍鳳の前での喧嘩の場面で映画館内のボソボソ声が大きくなっていたことを今思い出した。みんな「あ、龍鳳の前や」と思っていたんだろう。地元に人に愛されている中華料理店だ。

●京都市中京区新京極町通六角東入ル北側桜乃町 450
☎ 075-255-3966
11:30 ～ 19:30　水曜休　地図 P173

〈大和大路塩小路〉

お好み焼き 吉野

下町とともに育まれた、ライク・ア・ベイク。

夜のような感じだけど昼間。昔は空き地を通る導線もあった

十五歳の頃から五十九歳の今まで三カ月も開けることなくずっと通い続けられる店があるというのはどれほど有り難いことなんだろう。

それが松屋でも王将でもサイゼリヤでも素晴らしいことだと思うが、チェーン店は残念ながらお店の人が変わっていくので四十年前、三十年前、二十年前、十年前、去年、ちょっと前、昨日の移ろいを共有出来ることはない。

そう考えると学生服を着ていた俺にお好み焼きを焼いてくれて、ビールを浴びるように飲んでいたハタチの頃にスジ焼のスジを大盛りにしてくれて、イタリアもんの服を着て行っていたバブルの頃も、たくさんの仕事仲間を連れて行っていた時も、五十九歳になった今も「イノウエ君」と呼び続けてくれる人がいる店。

それが俺の場合、お好み焼き屋の［吉野］。うれしくて正味、泣

ハタチの頃にいつもやってもらっていたお好み焼き全部入りに卵を５個乗せを俺がオーダーすると、吉野のおかあさんが「イノウエくんが言うにゃし久しぶりにやったげるわ」と笑った

けてくる。

初めて［吉野］を取材したのは三十年くらい前。『ホットドッグ・プレス』のデートブックか『ミーツ・リージョナル』の前身で『エルマガジン』の別冊「シティ・マニュアル」という雑誌だったはずだ。モノクロのページだったが吉野のおかあさんはまるでお好み焼き屋を演じる女優のようだった。

三十三間堂の裏手にあたる塩小路大和大路の猫がたむろしている路地の中のお好み焼き屋が全国版のデートブックに登場して以来、店を取り巻く様相は変わっていったけれど、おかあさんも店の設えもメニューも何も変わったことはない。今も猫のいる路地を入って暖簾をくぐれば焦げたソースの匂いが充満する中からカチャカチャ

とおかあさんが大きな鉄板の上でテコを振る音が聞こえてくる。

時代の移ろいも街の変化もなにもかもお好み焼きのホソ、イカ、スジ、油カスの全部入りに含めてソースをたっぷりかけて食ってしまえばいいのだ。

お好み焼きは「ライク・ア・ベイク」。愛するものも過ぎた時代も全部入れてギトギトに焼いて花カツオをまぶせば、まるでアホな俺達を笑っているかのように花カツオがお好み焼きの上で揺れている。

今、店で野口五郎の「私鉄沿線」がかかっているがお好み焼きに別れ話は似合わない。恨みつらみも似合わない。汗と酒と大きな笑い声が似合う料理なのだ。

さあ、町田義人の「戦士の休息」を聞きながらこの街が編み出した「ゴキゲンのライク・ア・ベイク」をいただきに行こう。

焼きそばの具の好みはそれぞれだけど油かすとスジとイカは入れた方がおいしい。玉子はこれにはいらない

お好み焼き 吉野

この店のすぐ近くに大谷高校があり高校生の時から通っている中年やその家族連れも多いが、いつの間にか全国的にも有名になっていて全国からお客さんが来ている。修学旅行生がタクシーで来ることもしばしば。昔はこの店で腹一杯食べたあとブラブラ歩いて国立博物館の噴水横のベンチや豊国神社の石段でよく昼寝した。今でもその組み合わせは最高にゴキゲンだと思う。

●京都市東山区大和大路塩小路下ル
上池田町 546-6
☎ 075-551-2026
11:00 ～ 20:30　月・火曜休　地図 P175

仕事の合間に寄せてもらって一杯飲んですぐ帰る時もある。ご主人と女将さんの顔を見にいくのだ

〈高倉錦小路〉

さか井

小さい店には手本がいっぱいある。

小さい店には大きい店にない魅力がある。特に京都はそう思わせてくれる店が多かったし今も独特の輝きを放つ店がいくつもある。テレビ番組のように「極狭」だからと面白がっているのではない。古くからある小さい店には手本がたくさんあるのだ。

まず小さい店にはたくさんの道具を置く場所がない。それだけに必要のある道具や食材は置く置かないという意味で厳選されるし、

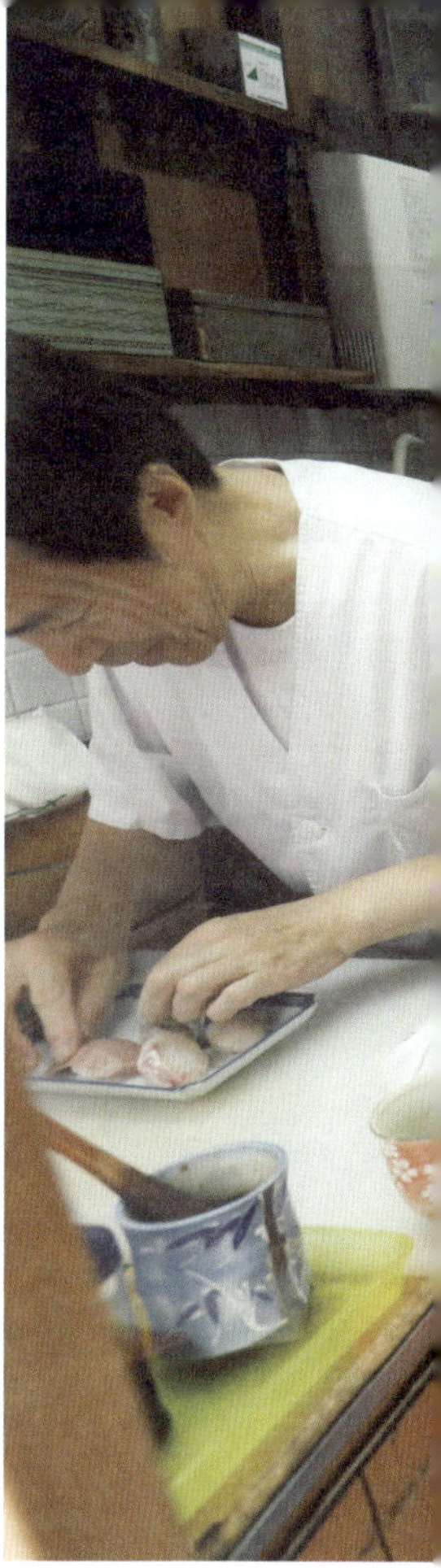

その日に何が必要で何が不必要かも考えなければならない。様々なことを想定してたくさんの道具や食材を置いておくとそれだけ気は楽だけれどアホになっていく。

　そしてその楽さにもすぐ慣れて、しばらくするともっと収納があればなあとか冷凍庫を大きくしようかということになる。

　空間を制限されると道具のひとつひとつの使い方を見つめ直すし、食材の調達方法や仕込み方や料理そのものも改めて考えると思う。常に考え工夫することを、愛のさざ波のように数十年続けられてきた店が我々を惹きつけるのは、そこに生きていく上で学べる手本があることを直感的に感じてしまうからなんだろう。

　小さい店の魅力がもうひとつある。狭いので人だらけで自由にならない。何を話しているかも全部聞こえるしどこを見ても視線に誰かが入る。それが嫌な人もいるだろう。けれども個人的な空間がないのが街の店だと思う。

　個室なんかに俺は入りたくない。どちらかというとカウンターが空いてないなら出直してきますと言うタイプだ。小さい店は大きい店よりもよりパブリックなのである。しかも逃げ場のないパブリック。お客さんも黒帯が集まるはずだ。

　小さい店こそ街の手練れを育むのだ。あー。

さか井

錦市場の大丸側の入口近くにあるお寿司屋の［さか井］。穴子丼や鯖寿司で全国的にも有名だが基本的には地元の人でいつも賑わっているゴキゲンの店である。昔から通っている店に行けば変わっていない自分を見つけることが出来る。この店のある町内で俺は生まれた。それは関係ないか。

●京都市中京区高倉通錦小路下ル
西魚屋町 592
☎ 075-231-9240
11:30 ～ 18:30　不定休　地図 P173

〈寺町四条〉

すき焼き キムラ

あかんもんが大好きな、
平日の昼のすき焼き。

すき焼きのやり方はいろいろあるけれどひとりの時は面倒なので、全部入れて炊いて食べている。あーいい匂い

この店は店構えから座敷やピンクの電話やトイレに至るまで子供の頃にあったものばかりなのでなんだかホッとする。伝票も消し込み式だ

昼飯のポイントは早く食べられることとほぼ毎日通っていても飽きの来ないということだと、数年ほど前そんな昼飯哲学を必死で書いたことがある。そのせいか俺はあまり昼飯には誘われない。あの人はいつも同じ定食屋かうどん屋しか行かないと思われているのかスポーツ新聞や週刊誌を見ながら食べるような行儀の悪い奴とは行きたくないのか知らないけれど、夜は大変よく誘われるが昼はほとんど誘われない。

毎日決まった時間に、ほとんど同じ店に行っていつも同じ新聞を読みながらメシということをしているそんなルーティンランチ派な俺でも行動パターンをガラッと変える時もあるのだ。

スパイだから変えるのではない。あそこへ行きたい願望とあれを食いたい願望が突然夏の入道雲のようにムクムクと盛り上がってきてそこへ向かわせるのだ。

　基本的に行き帰りに時間がかかるところへはさすがに行かないが、自転車で十分という範囲を限定してもかなりの店へ行くことが出来るのが京都のいいところだ。

　錦市場から柳馬場三条の「わたつね」の蕎麦と定食、四条室町「レストラン亜樹」の洋食、河原町二条「鳳泉」のえびかしわそば、大和大路松原「おやじ」（P48）の焼きそば、この頃は行列が長過ぎて行きにくくなったがタカバシの「第一旭」や「新福菜館」各本店ぐらいは昼飯圏内にある。

　そしてすぐ近所にも入道雲が湧いてくる店がたくさんある。難儀なのはあれが食べたいよりもあそこに行きたいが湧いてきた時だ。

　例えば寺町京極の「キムラ」ですき焼きをしたくなる時がある。間口の広い玄関で靴を脱ぎ下足番の方から札をもらって赤い絨毯が敷かれた階段を上がる。ガランとした広間に金巻の卓袱台とガスコンロ、天井には肉をきれいに見せるために昔の肉屋さんには必ず着いていたピンクの蛍光灯がある。

　すき焼きのキムラならではの昭和三十年代四十年代な感じの空間で、しかも平日の昼でなければならない。それは過ぎていった時代や見失ったなにかと繋がっていそうな気がするからか。

　すき焼きそのものよりもそこでのひとり感を求めてしまう。そして懐かしい家族のご馳走の匂いがする。有り難いことだ。

すき焼き キムラ

鍋やすき焼きはたくさんの家族や仲間と食べたい料理だが、街場でひとりもたまらない。特に昼間は格別だ。そしてひとり昼飯にはスポーツ新聞が必須である。夜に新聞持ち込みはダメだ。昔からある店にはもっと行かなあかんと思う。すき焼き一人前 3,000 円、ランチは 2,200 円。

●京都市中京区寺町通四条上ル
大文字 300
☎ 075-231-0002
12:00 ～ 21:00　月曜休　地図 P173

寺町京極を入っていくと戦前な店構えに引き込まれる

〈綾小路堺町〉

ももてる

魔法にかけられる店は
気持ちもお腹も満タンになる。

綾小路の路地の中の小さな扉の中に
明かりが灯っている。繭の中のよう
な感じがする

好きな店というのは特に好きなところがないことが多い。理由もなく行きたくなってムズムズするかと思えば、誘われるとうれしい奴から「今ここにいるから来いよ」と突然連絡があったり、何が飲みたい何が食べたいではなく勝手に足が向いてしまうので好きな店としかいいようがない。

綾小路の路地の中の小さい扉を開けばフワッとした暖かさとゴキゲンに包まれる「ももてる」。

この店を営んでいる井上さん（みんなモモちゃんと呼んでいる）はお酒が好きで料理が好きでお客さんのことも大好きなんだということが、何も話さなくてもそれがよく伝わってくる。

この日はカウンターに艶々したキャベツとモリモリとした椎茸がゴロンと置いてあったので日本酒と酒に合う肴を頼もうと思ったけれど色気のある野菜を見たのでビールを注文してキャベツを炒めてもらった。

彼女はどんな料理もほんとに楽しそうにサクサク作るのでこちらもモシャモシャ食べてどんどん注文したくなってくる。キャベツの次はキノコを料理してもらい隣の人が食べていたおいしそうな小ぶりのハンバーグもお願いした。

家庭用の小さいコンロひとつで次から次へと魔法のようにセンスのいい料理が手際よく出てくるのでそれを見ているだけでこちらはゴキゲンになってくる。地元の料理屋の人や店好きの黒帯の方だけではなく全国に彼女のファンが多いのもよくわかる。

ハンバーグをつまんでいるとワインが飲みたくなってきて彼女と

この日たまたまお誕生日のお客様がいて、みんなに祝福された笑顔にこちらまでゴキゲンになった

ノートに書かれたシンプルなメニュー。見せ方より早く作りたくて仕方ないのがわかる

数年前に亡くなられた［左り馬］の井上さんと［ももてる］のママと俺とで「トリオ・ザ・イノウエと飲んで食べて映画を語ろう」を開催しようとしていたこともある

掛け合いながら飲めばワイングラスが風船のように軽くなり久しぶりに酔った。この店に行けば普段よりついついたくさん食べてしまうし飲んでしまう。
ふと気づいたけれどそれこそが最高の店なのではないかと思う。俺の腹がますます出るのは必然だ。甘んじて受けよう。受けたい。

ももてる

真夜中にバーで飲んでいてふと隣を見るとこの店のももちゃんが飲んでいて実に嬉しかった。そうか、いいバーで飲んでいるからいい酒も肴もよく知ってるのかと思ったけれど実はそんなことより飲むのが食べるのが好きなんだと横で飲んでいてすぐわかった。

●京都市下京区綾小路通堺町西入ル
綾材木町 197
☎ 075-344-0238
18:30 〜 23:00　日曜休　地図 P173

〈高野〉

ひばなや

店は我々の人生そのものである。

フグを食いたくてフグ屋に行くのではない。フグ屋に行きたいから行くのだと思ってきたし書いてもきた。でもそれが通用するのはせいぜい二〇〇〇年以前までだなと最近は思っている。

だいたいフグ屋とはなんなのか。オコゼ屋とかナマコ屋とかはなぜないのか。

あっ！　鰻屋がある。カニ屋がある。スッポン屋もある。ひとつの食材で勝負する店はたくさんある。しかしフグ屋はほかにない独特な何かがある。

俺が昔からフグ屋に惹かれてきたのはなぜなんだろう。フグ屋には何もないからか。実際はそうでもないのだがガランとしている感じがする。

子供の頃の家のお膳（お膳は家の中心であり家そのものだった）とは逆の冷たさがあるのではないか。だから外な感じがしてゾクッとして飲めたのか。

そしてそのフグ屋の暖簾をくぐると柑橘系の匂いというかポン酢の匂いとヒレが焦げたいい匂いがしてさらにゾクゾクさせる。

席に着く。ヒレ酒とてっさを注文する。フグ屋では品書きをあまり見かけたことがない。見ることがないのか。品書きがあってもてっさ、焼き、てっちりとあるだけだ。値段もわからないこともある。

昔、俺が二十代の頃、街の先輩に連れてもらったフグ屋で、夕方のカウンターでビールとヒレ酒とてっさと焼きをふたりで食べてカラダにポン酢と酒をたっぷり染み込ませた先輩が払っていた勘定を見て「えっ、ゼロが多いのちゃうの」と、本当に目が点になったことをハッキリと覚えている。

その店のトイレが地味だけどピッカピカだったことも注ぎ酒のチロリが磨かれて薄くなっていた

ヒレ酒にマッチで火を付ける儀式。いまだにこれがどういう効果があるのか分からないけど素敵な儀式だ

こともよく覚えている。

大層かも知れないが店は我々の人生そのものである。だから自由にはならない。客のものではないし、そうであっては困る。得や満足があるからそこに行きたいのではないのだ。

ひばなや

［ひばなや］は京都で最も好きなフグ屋である。店に入るだけでフグ屋独特の匂いに俺は毎回フラフラになる。てっさもてっちりも鍛えが入ったフグ屋のそれだ。おすすめできる。底冷えのする街に欠かせない一軒だと思う。あーまた行きたい。何回も行きたい。

●京都市左京区高野東大路通北大路下ル西側
☎ 075-781-4588　17:00 ～ 20:30 入店まで
5 月末～ 9 月下旬まで休　地図 P177

〈祇園〉
グリル大仲
街のご馳走は過ぎていった時間だ。

作った写真ではなくその夜の[グリル大仲]のひとこま。まさにゴキゲンだ。この店に世話になった奴は多い。今も珉珉に行ってるのかなあ

カウンターから料理をされているところが見えるのでいつも話すのをやめてジッと見つめてしまう

「バッキーさん、中島みゆきは好きですか」といきなり聞いてきたのはうちの店にアルバイトに来ているハタチの大学生の男だった。「あんまり知らんけど吉田拓郎と歌てる『永遠の嘘をついてくれ』は大好きやで」と答えると顔を全開でニコニコさせて「その歌も最高ですわ」と仕事中ではありえないほどの元気のよい声で答えたので「ほな一回ええとこ連れたるわ、中島みゆきしかかからへん飲み屋いこか」というと「ほんまですか！」と叫びながら普段の接客では見たことのない笑顔でお客さんに注文を聞きにいっていた。

もうひとりの若者はどこに行っても私と同じものを注文するハタチの男。高校を中退して自分で店を持つと決めてからいくつかの職場を経てうちの店を手伝っているその若者は、遅刻はするわ片付け方が雑やわ目を離すと何をしているかわからないタイプで、減点主義で行けば確実にマイナス点になる奴。けれどもいつも目を正味キラキラ輝かせていて怒られてもくじけないので、仕事以外でも鍛えてやっている。

我が家では「Aクイック」と呼んでいる定食屋で定食を食べた直後にラーメンを食いに行く昼飯連打や、焼きそばの専門店に三人で行って麺12玉の焼きそばを注文したり、独特の顔をした街の先輩が集う宵の口のバーに連れて行ってあえて迫力ある先輩達の横で飲ませたり、仕事の段取りを「兵は詭道なり」と言って急に変更したりして若い奴らを昼も夜も鍛えている。

仕事を与えハードルを上げて行くほどどんどん戦闘値が上がって行く若者達なのでこちらもしんどいがおもしろいのだ。

思えば私もハタチぐらいの頃は極端にひねくれて大変マセていて何事も軽く見ていた扱いにくい若者だったと思うが、住み込みで働くことを強要した叔父貴に朝から晩までいろんな責任を持たされ徹底的に鍛えられて助かった。

この頃、若者と一緒に仕事をしたりメシを食ったりすることが多くなった。三回り以上も年下の奴らなので小手先の変化球や小細工した理屈では通用しない。同じものを同じ場所で食べて飲んでグッと胸を掴んで話すのだ。しんどいけれど私もそうしてもらってきた。ダメな若者バンザイだ。

「指した手が最善手、と言ったのは棋士の森下卓九段やで」と荒井由実の歌しかかけないバーのマスターが川端二条の居酒屋のカウンターで私に自慢げに言っていた。指した手が最善手。私はさかずきを持ったままフリーズした。五十代後半もハタチもあまり変わらない。ほんとにそう思う。

グリル大仲《だいなか》

祇園の「グリル大仲」はフレンチをベースにした開業40年前後になるお店。もともとお茶屋だったマスターの生家を町家風情そのままに改造してレストランにしたいわゆる町家をアレンジした飲食店のパイオニアで、その料理の旨さと奇をてらわない町家そのままの設えが多くの人を魅了した。

20代の頃に私も少し働かせてもらっていた。基本的には洗い場だったがカウンターに近いのでお客さんがお越しになってから食事をされるあいだの空気が感じられ、なぜかあたたかい感じがして皿やグラスを洗いながら楽しかった。

そしていつもマスターの作る料理、特にヒレ肉ときのこをアレンジした「森のきのこ煮」を俺も食べたいなあと思っていた。

開店前にまかないをいただけるのも楽しみだったが、時々、店を片付けたあとすぐ近くの祇園の珉珉に連れてもらえたのもシアワセなメモリー。みんなで行く深夜の中華は最高だ。特にモヤシ炒めと五目焼飯はうまかった。

その店で働かなくなるとこちらがお客さんになるので誰かに誘われないと行きにくかったがなんだかんだと言って店には顔を出していた。そうこうしているうちに小学生の頃に俺のことを「オッケーのおっちゃん」と呼んでいたマスターの息子が手伝うようになり、いつの間にか腕のいいシェフになっている。

そしてその息子のことをお兄ちゃんと呼んでいた少年がこの頃はお客さんで来ているという。そしてその彼が注文していた料理はやっぱり「森のきのこ煮」だった。

街ではこんなことが綿々と繰り返されているし、それがあるから街になるんだろう。そう思うと店を探している場合ではない。そんなことばかりしていたら街がなくなってしまう。

●京都市東山区祇園町北側 347-111
☎ 075-561-2967　日曜休
12:00 ～ 14:00（L.O.13:30）
18:00 ～ 23:00（L.O.21:30）　地図 P175

あしたも飲むために

その㊂

ほんでなんで漬物屋やねん。

最近街で知り合った方やご紹介を受けた方に錦市場で漬物屋をやっていますというと意外そうな顔をされることが多い。

「古いんですか」とか「何代目さん」とか聞かれるので「まだ二十年ほどです」とか「僕が開業しました」というと「え?」という表情の後に必ず「ほんでなんで漬物屋なんですか」と、とても不思議そうに聞かれる。

この流れが実にしっくりこないというか何か損な気がしてならない。

イタリア料理店をやっている人や寿司屋をやっている人に「なんで寿司屋なん」とは聞かないと思うし、電気屋や大工の人にも「なんで大工なん」とは問わないはずなのに漬物屋ホワイと私にだけ聞くのは不公平だと思いながらも、せっかくなので聞かれた時々にその場で今一度なぜ漬物屋なのかを考えてしまう。

開業した動機やその時からの流れは変わらないけれど、毎日シャッターを開け、野菜を洗い、店頭でヌカを混ぜながらお客様や近所の人とやり取りしているあいだに漬物屋であろうとする理由は少しずつ変わってきたように思う。

ヌカの酸味と野菜がゆっくり融和した胡瓜と茄子の古漬や、手間が表に出ていない見た目も味もシンプルな白菜と大根のヌカ漬や、生でもおいしい野菜をそのまま浅漬にしたものなどを多くの方に知ってもらい試行錯誤しながら繁盛店になることを目指していたが、何年か前から漬物屋としていつも同じように此処に在ることの方が大事かなと思うようになった。

飲食店は中に入ってやり取りしないとなかなか挨拶は出来ないけれど、漬物屋は前を通ってもらえるだけでここに居ることを知ってもらえるし、私らも声をかけさせてもらうことができる。商い

12月になると常連さんから「今年のすぐきはどうや」と聞かれることが多い。そのどうやは「おいしいか」ではなく「いつから」という問いなのだ。それには早く食べたいの意味も含まれているシアワセ度の高い問いだ

なしに声をかけられること、これが実に大きい。そう思えるようになった。

また年に何度かお客様に漬物のご案内を送る中で「どうしてはるんかなあ」とか「また春には京都に来られるんかなあ」「前に林檎送ってくださったなあ」などと思いながらお客様の名前を見ていると、漬物屋は有り難い仕事だとつくづく思う。

うちの店の風呂敷やユニフォームのTシャツなど様々なものに使っているカブラの図案も開店して間もない頃に近所のおばあさんからいただいたものだし、錦市場で店を構える時も町内の老舗のご主人三人が私のようなけったいな者に口添えしてくださったから錦市場に馴染むことが出来た。ほかにもうちの店や漬け場はいろんな店からいただいた樽や道具ばかりだ。

これから「ほんでなんで漬物屋なん」と聞かれたら「ややこしいことがご馳走ですねん」とシラフなら答え、酒を飲んでいたら「イチローになんで野球やねんて聞くなや」とからむだろう。そして誰かに怒られる。それでいいと思う。

Snack Special

割り切れないものがスナックの歌と水割りに溶ける夜。

〈河原町三条〉

スナック夜汽車

俺も十年くらい前までは「カラオケボックスではなくスナックに行く方がゴキゲンだ」と様々な雑誌に地団駄のタップを踏みながら泣くように書いていたけれど、時代はどんどん「無菌状態歓迎指向」あるいは「予定通り小満足指向」が進み、他の生き物と居合わせること必至のスナック的なものはまさに磯辺の潮だまりに追いやられていった。本当は潮だまりこそ生態系の宝庫なのでとても誇らしいことなんだけど。

スナックを昭和的というだけで、すませてはいけないと思う。

五十年以上前の『洋酒天国』という冊子（寿屋の洋酒チェーン加盟のサントリーバー、トリスバーへの来店促進のための無料配布誌。編集発行人が開高健で毎号特集やデザインに新しい試みがあり、随所に柳原良平のイラストがあるウィットのきいた冊子。当時、山口瞳も編集部にいた）に「スナック」という単語が出てきていたので一九五〇年代からあったと思うが、今ここでいう街のス

サントリーオールド専用のボトル棚。この棚が出来た頃に来てキープをしたかった

ナックは、七〇年代初めにカラオケとともに増えた比較的小さな店でそこに歌と洋酒がある酒場。カテゴライズなどする必要はないが、スナックとは歌と洋酒とママがいる小さな酒場でいいと思う。

　俺がハタチぐらいの頃はひとつのビルが五十軒くらいのスナックでビッシリと埋まっていることも珍しくなかったし、そんなビルが京都でもたくさんあった。あの頃なぜあんなにスナックがあったのだろう。今思うと不思議で仕方がない。

　世界に誇れる飲み方だと俺が孤独に宣言しているウイスキーの水割りの存在も大きいと思う。うまい方がいいけれどおいしくなくてもいいのが水割りという飲み方の凄いところだ。そして水割りがあるから長い時間飲めるし、昔の歌謡曲や歌詞に渋みのある歌と合っていたのだと思う。またボトルキープの仕組みがあるから飽きずに通うことが出来たことも大きく影響しているようだ。

見知らぬ人の歌を聞きながら、遠くまで来たことを知る。

雑居ビルの中の薄暗い小さい店で何のご縁もない方の歌を聞いている自分がいて、目の前のグラスの酒に頓着することもなく歌の歌詞だけを追い続けている俺がいる。

　酒も歌もあまりすすめることもないママがたまにカウンターの前にやってきて溶けかけた氷だけが残っている俺のグラスを持ち、スローな仕草で水割りを作りながら「なにか歌う?」とたまに聞いてくる。それはスナックならではの、ためらいのある素敵な瞬間だと思う。

歌うけれど今歌う感じではないので歌わない。今すぐ歌いたくないけど間があくならすぐ歌う。ママが好きそうな歌で俺が歌えるものはなんだろうと思ったり、一緒に来ている顔ぶれを見て歌のフレーズを思い出したりするというスナックな世界がある。

歌はそのスナックの時空を震わせて濡れさせる。

歌は泣きたいことをチョットほろ苦い洒落にしてくれたり、今日はこのままこわれてもいいのよと歌詞がメロディーが囁いてくれたりする。

そして、惚れるという言葉も西風が笑うということも、もうひとりの俺がいることも守れない約束がカレンダーを汚すことも、フレーズになって今も俺に刺さっているし、その素敵さもスナックでの歌が教えてくれたしシビレさせてくれた。

スナックはその人ならではの琴線が露出していることが多いので歌のワンフレーズだけでいとも簡単にこわれてしまう。たとえそれが歌のヘタな見知らぬおっさんが歌っていたとしてもそうなる。

そしてスナックでは歌をうまく歌いたいのではなく、その夜その場で歌をなぞりたいのだ。

ドロ目の街の先輩は「みんなあんたがおしえてくれた　酒もタバコも　うそまでも」と重くなったまぶたをさらにドロリとさせながらマイクを持つ指先を睨むようにいつも歌う。

歌はうまく歌えないほうがいい。十代の頃からずっとスナックやラウンジやらに通ってきてそう思う。

スナックの世界は、強弱や高低や大小などない生態系なのだ。

上等な酒や異性との出会いを求めてとか、歌が上手に聞こえる抜群の音響設備で歌ってヒーローになりたいこととか、求めたいものがハッキリとしているならスナックに行かない方がいいと思う。

街のスナックというのはお客が求めるものが最優先されるところではなく、そのお客さんも含めたその日その瞬間の店そのものを愉しむところなのだ。

しかも街の酒場に行けば自分に都合のいいことばかり起きない。

ママに話しかけると睨むおっさんがいたり、場が無茶苦茶になるようなアップビートの曲を何曲も若者が連続して歌ったり、歌いたい歌がほかのお客に先に歌われたり、隣で飲んでいた人生の先輩から昔話をエンドレス聞かされたり、あると思っていたボトルが仲間の誰かに飲まれてほとんどカラだったり、時々ママに怒られたりするのがスナックだ。スナックに行けばルールではなく、その雰囲気に従わねばならない。

またそこで起こることすべてを肯定することから街のゴキゲンが始まる。

思い通りにしたければ自分たちだけしかいない限られた空間で遊べばいいし飲めばいい。けれども無菌状態の中で時を過ごしても熟していかないし発酵しておいしいものに変化することはない。たとえあったとしても予測された変化であったり、計算できる満足しかない。

街と人と歌と酒が絡み合って何かが熟成される酒場それこそがスナックなのだと思う。日本ならではの素晴らしい文化だと思う。

さあ行こうぜ、時代と逆行するスナックの世界へ。

誰がためにスナックはあり、なぜ俺はここで見知らぬ人の歌を聞きながら飲んでいるのか。それがわかった時、愛おしいフレーズに包まれる

京都で最も有名なナイトクラブご出身のママ。こちらが歌っているときに知らんふりをされていることが素晴らしいと思う

スナック夜汽車

河原町三条を一筋北の細い道を東へ少し行くと古いビルの軒先に「夜汽車」という看板がポツッと出ていてそれを見るだけでジーンとなる。ならなければ酒飲みではない。

［夜汽車］は、風格があり実に美しいママがおひとりでされていてお客さんも歌が好きで静かに飲まれる方が多く落ち着けるスナックだ。また壁に並んでいるサントリーオールドのボトル棚が我々の好きだった時代に引き戻してくれる。お店のボトルを飲ませてもらって予算はひとり 3,000 円ぐらいが目安。

●京都市中京区河原町通三条上ル
一筋目東入ルエビス会館 2F
☎ 075-223-0139
19:00 ～ 24:00　不定休　地図 P174

この写真では店内がかなり紅く見えるが実際はほんのり紅いだけでとても健全なスナック。客層はかなり上質

〈裏寺町四条〉

サントリー・スカイ

この国が生み出した最高の業態。

少し前から若い人たちの間でスナックが流行っていると聞いてそれは困るなあと思ってしまった。スナックは自分の聖域でもないし俺の世代のものでもないのにそんな風に思うなんてセコイ男になった。

だいたいクローズでセパレートなカラオケボックスに対してスナックはオープンで混ぜこぜで四角い箱ではなくどちらかというと湿った穴か沼地の深み。

世代も仕事も来ている動機も様ざまな人達が、ドロンとした店の中で酒を飲みながら歌を歌いながらママや店の人とやりとりしながらダメになっていきそうな時間が心地いいのがスナック。自分を甘やかし、誰かに甘え、好きな歌の力を借りて遠くなりつつある昔をなぞり、スナックの外を忘れ、な

ぜここにいるのかさえわからなくなるドロンとしたスナックこそこの国が生み出した最高の業態だ。

　裏寺の［サントリー・スカイ］というスナック。気のいいママがひとりで営業されている。この店と出会ってから二十年以上になるが今も何時からやっていて何時が閉店なのかわからないし何がいくらなのかもわからない。

　座れば出てくる付き出しが豆腐一丁の巨大な冷奴や焼うどんなこともあるし、おかきの時もある。この店で知らんおっさんの歌を聞きながらママの顔を見ているとウイスキーが番茶のようになり記憶も明日も海の藻屑となる。

　随分たくさんの人達とここで飲んで歌ってきた。

　一番の思い出はご高齢の先輩八人をここに案内した時、しゃがんで靴を脱ぐのがつらそうな様子（この店は靴を脱いで上がる絨毯スナック）をママがチラッと見て「土足のままで結構です。今日はそれで営業します」と言って笑ったことだ。

　そのあと先輩方は嬉しいのか苦しいのかわからない顔で古い歌を歌い、飲みに飲んでいた。若い人にも来てほしい店でもある。

サントリー・スカイ

四条河原町から裏寺を入って少し行けばしのぶ会館が出てくる。一階は立ち飲みでも有名な［居酒屋たつみ］（P20）、別館には［百練］（P169）もある濃厚な会館だ。そしてとにかくこの店のママは最高に優しい。金額は目安としてひとり3,000円くらいで飲ませてもらえる。街場のど真ん中にありとても便利でもある。さあ今夜も歌ってみるか。スナックに行っていつも同じ歌を歌うよりその日のメンツや雰囲気の歌を初めは歌うがどうしても最後の方は好きな歌になってしまっている。最近は「与作」が多い。

●京都市中京区裏寺町四条上ル中之町 572
しのぶ会館３F
☎ 075-221-0799　月曜休
18:00 ～ 23:00　地図 P173

なんともいえないママの魅力がミラーボールの光の中に漂っている。それにしても俺はミラーボールが大好きだ

〈祇園〉

B,B-peak

スナックが坩堝であればこんなシアワセなことはない。

縄手通の四条を下がったところの飲食店ビルの3階に［B,B-peak］というメチャクチャ流行っている店がある。

長くないカウンターにボックスが2つで音のいいカラオケがある典型的なスナックの形態だがここはただのスナックではない。

この店の扉を開けるといつも座るところがないほど強烈に賑わっている。小さい店で変わったところもない普通の店だけれど、誰が行ってもすぐにわかるくらい独特のオーラを漂わせているママがいる。ママのオーラというか存在感になんとも惹かれそして居心地がいい。かといってママは決して店の主役になろうとしないし話にも歌でも決して押し出してくることはない。

初めてこの店に連れてきてもらった時に矢沢永吉のそんなにメジャーな曲ではない「さめた肌」という歌を俺が歌った時、声を出さずに洗い物をしながらそれを口ずさんでいたママを見て俺はやられた。

俺をこの店に初めて連れて行ってくれた美女（美人おっさん論のモデルのひとり）に「ＢＢになんでそんなにいくの」と、この原稿を書く前に聞くと「坩堝《るつぼ》やし」のひと言だった。想像を遥かに超えるカッコいい答えが美人おっさんから返ってきた。

そういえばこういう感じの店には珍しく客層がバラバラだし歌われている曲のジャンルも広い。ちあきなおみや山口百恵にチェッカーズ、ザ・ゴールデン・カップスやジプシー・キングスにゴダイゴ、中森明菜に高田みづえに千昌夫。

平成になってから作られた歌のタイトルはなかなか覚えられないがこの店で誰かが歌っていてええ歌やなあと思うことは多い。自分の知らない曲を酔った人が歌っているのにゴキゲンになれる凄さがこの店にある。

実際、俺が連れて行った何人かのツレは俺抜きで勝手に行き始めるし、たまたま早い時間に行って珍しく空いてるなとカウンターに座ったら高校の時の同級生達がいて「なんでお前らいてんねん」というと「アホか。最初、酔うたお前に連れてこられたんやんけ」と笑っていた。

撮影させてもらった夜、ママのことを書くと思うし写真を撮らせてと言うと「ちょっと待って」とママが笑ってミラーボールのスイッチを入れた。その瞬間にこの本の編集者達も連れてきなあかんなと思った。

B,B-peak

この店は実に明朗会計で特別なオーダーをしなければ男性4,000円、女性3,000円で飲んで歌わせてもらえることも人気のひとつ。カラオケのサウンドも抜群なのでここで歌うと歌がうまくなった気がするのも賑わう理由かも。

●京都市東山区大和大路通四条下ル大和町6-15 日宝モア祇園ビル3F
☎075-525-0552
20:00～翌5:00 日曜休　地図P175

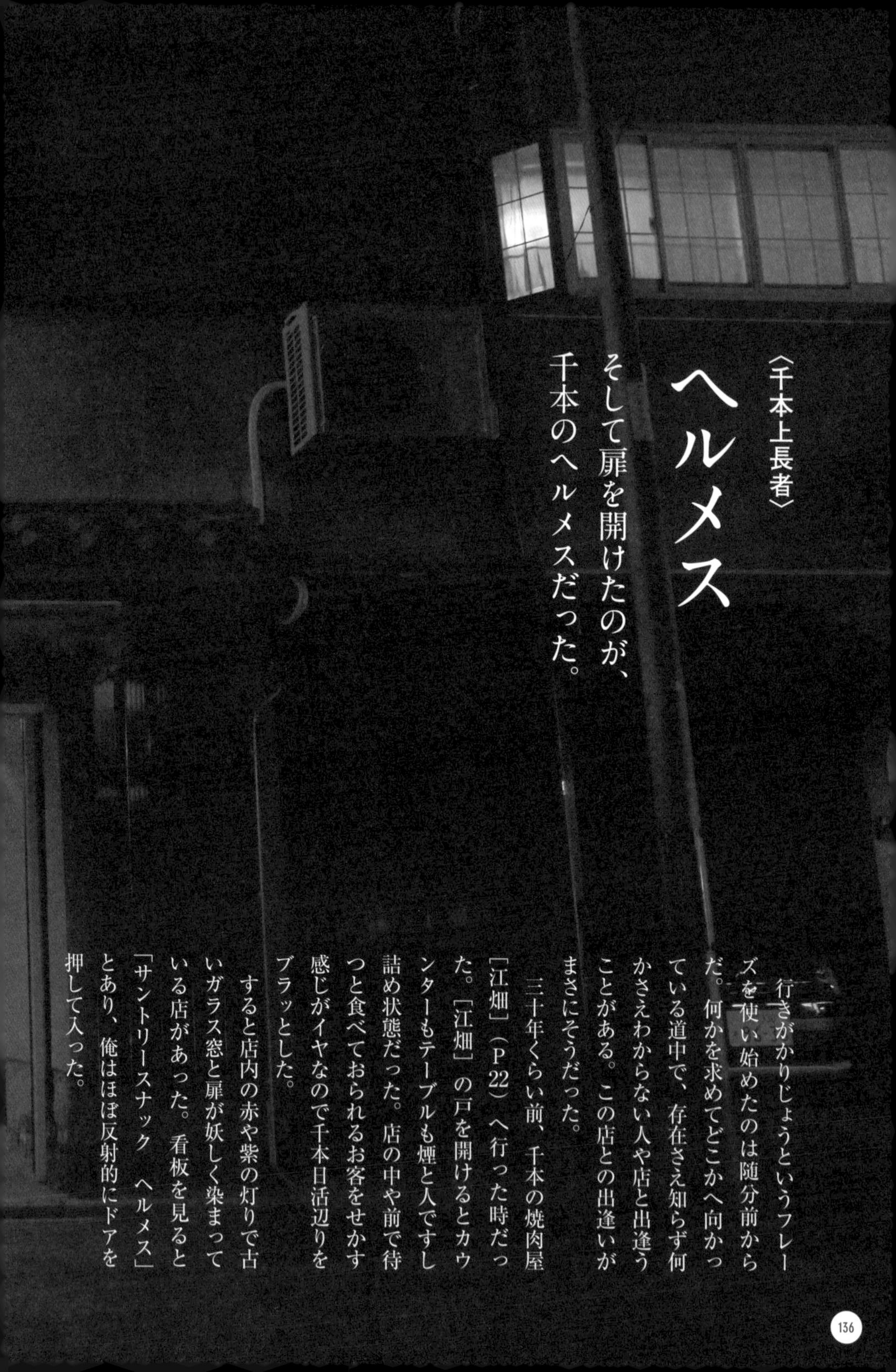

〈千本上長者〉

ヘルメス

そして扉を開けたのが、千本のヘルメスだった。

行きがかりじょうというフレーズを使い始めたのは随分前からだ。何かを求めてどこかへ向かっている道中で、存在さえ知らず何かさえわからない人や店と出逢うことがある。この店との出逢いがまさにそうだった。

三十年くらい前、千本の焼肉屋［江畑］（P22）へ行った時だった。［江畑］の戸を開けるとカウンターもテーブルも煙と人ですし詰め状態だった。店の中や前で待つと食べておられるお客をせかす感じがイヤなので千本日活辺りをブラッとした。

すると店内の赤や紫の灯りで古いガラス窓と扉が妖しく染まっている店があった。看板を見ると「サントリースナック　ヘルメス」とあり、俺はほぼ反射的にドアを押して入った。

千本通から上長者町を西に入るとどん突きが［千本日活］という昔からの映画館。その手前にこの店がある。どちらも愛おしい時代の残り香がする

客は誰もいなかった。ちょっと地味なお姉さんがテレビを見ていたがすぐに消されて、「よかったらレコード、なんかかけよか」の声から始まって付き合いが三十年以上になる。

　それからゴキゲンというご馳走が好きで仕方のないような仲間と何度も寄せていただいた。

　行き始めてしばらくした頃に一度だけこの店のことを雑誌で書かせてもらった。それから数年もするとこの店は雑誌でよく紹介されるようになっていた。そのせいか一時は昭和的なものが好きな人や歌謡曲マニアの人がよく来ていたが今はそれも落ち着いて昔のままの店になっている。

　ついこのあいだも寄せてもらった。オールドで水割りを作ってもらうと水原弘の「愛の渚」のシングルが勝手に出てきた。次は佐良直美の「いいじゃないの幸せならば」が、村田英雄の「王将」が勝手にかかる。全部、昔に一回か二回かけてくださいと頼んだ歌ばかりだ。たまらない。

　そんなことよりも、こうしてここで迎えてくれる人達がいることに、行きがかりじょうというものに対してお見逸れしましたと言わねばなるまい。ほんとは今夜も行きたい。

　ヘルメスのお姉さんはあの頃三十代やったんやなと今書いていて思った。マスターがお亡くなりになってからお母さんとお姉さんが迎えてくれていたがお母さんもお亡くなりになられた。今はお姉さんが店を守っている。今日もまたボトルをおろさせてもらった。

ボトルが並ぶバックバーの下の棚にはシングル盤のレコードがビッシリ。お姉さんが瞬時に出してくれる

ヘルメス

この店も媒体で初めて紹介したのは俺だと思う。それをきっかけにいろんな人が行くようになっていろいろ紹介もされたがこの店は何も変わらない。

●京都市上京区上長者町通
千本西入下る五番町 177
☎ 075-462-4284
19:00 ～ 23:00　月曜休　地図 P176

〈木屋町蛸薬師〉

ビートル mono

音楽が付き添ってくれる、街の店がある限り。

音楽があるから飲みに行っていたといっても一ミリも過言ではない。子供の頃からそんなもんだったしそれからずっと音楽のある店に惹かれて行っていた。

その時代時代にふさわしい音楽が街の店には溢れていたし、俺たちも移ろい、出で立ちや飲み方は変わっても基本的にはただの音楽好きの酒飲みに過ぎない。

なぜかは全くわからないがそれが聞こえてきたらどうしようもなくなる歌や曲がいくつかある。たぶんそれは俺だけの話ではなく誰にでもあるのだと思う。

人は歌にやられる。

いきなり結論的になるけれど俺の場合、キャノンボール・アダレイとマイルス・デイビスの「枯葉」が聞こえてきたらチョットおかしくなる。

遠い昔、フォルクス・ワーゲン・ジェッタのボロボロの車に乗っていた。当然その車の中で「枯葉」が入っているアルバム、サムシン・エルスがいつでも聴けるようにカセットテープを乗せていたけれど、「枯葉」が流れてくると運転に支障を来すほど俺の顔つきが変わり異常な状態になってくるので、そのカセットはよっぽど特殊な女性が乗った時しかカーステに入れないようにしていた。

しかしある日の夕方、カメラマンと一緒に京都の広告代理店で打ち合わせをしたあとカメラマンの車に乗って姉小路油小路の「ピエール、ジュマペール」というデザイン事務所に帰ろうとしたところ、カメラマンの車のFMからキャノンボール・アダレイとマイルス・デイビスの「枯葉」が流れてきた。俺は助手席に乗っていたのでお願いやしボリュームを上げてくれと頼んだ。

自分の顔は自分ではなかなかわかりにくいがその時の俺は、映画『レオン』の冒頭のシーンでゲーリー・オールドマンが薬を飲んだあとのような顔になり「もうこのまま全速力で大阪に行こうや」と大きな声を出したのは覚えている。

どこに行きたいでも何がしたいでもなく、この曲が伝えてくるこれを伝えたい奴が大阪にいたから必死で飛ばして大阪に向かうことになったのだと思う。

何も急ぐこともなかったがマイルスとそのバンドの音楽が俺をソルロンタンにさせた。

そして今夜、たまたま俺の隣で飲んでいるピノキオを彷彿させる木屋町のゼロ戦野郎が「今かかってるこの曲、こないだ死んだあいつの店でよくかかってました」というので「なんであいつの店でセザリア・エヴォラやねん」と言おうとしたが泣いていたんだなと思って何も言えずグラスの上げ下げを続けた。

そのうちにその酒場でストーンズのハーレム・シャッフルのシングル盤のＬＰがかかってそのジャケットを眺めているうちに毎週一枚ずつシングルレコードを買っていた幼馴染みのことを思い出した。

中一の頃、そいつはお母さんから毎日もらう昼飯代をほとんど使わないで俺ら四、五人のツレの弁当を少しずつ食べて腹の足しにして残ったそのお金で毎週レコードを一枚買っていた。

そいつがレコードを買うとお母さんが働きに出て誰もいないそいつのアパートに音楽好きの奴らで集まりいつも音を大きくして新しいレコードを何度も聴いて喜んでいた。

思い出すのはジョン・レノンやショッキング・ブルーやＴ・レックスやＣＣＲ。ミッシェル・ポルナレフやアメリカの「名前のない馬」もコカ・コーラのホームサイズかチェリオを飲みながらよく聴いていていた。

人は歌で出来ている。

歌がくさびのように俺の腹や顔や指や頭に刺さってる。八代亜紀の「舟歌」は映画『駅STATION』の中で出てくる倍賞千恵子の店で客の高倉健さんと紅白歌合戦を見ながら倍賞千恵子が「この歌好きなの」と口ずさむ場面は俺の手の甲に刺さっているし、ハタチの時に聴いた南佳孝の「プールサイド」は俺をアル中にさせた。

町田義人の「戦士の休息」は飲んで悩む道を肯定させたし、高2の時にマービン・ゲイのライブ盤を西大路九条のディスコで初めて聞いた時には南やら西やら東やら京都選抜の不良で溢れかえるそのディスコのフロアのセンターで狂気を伴うような腰の動きとステップで俺は踊っていた。

ハタチを過ぎた頃にはアフリカとラテンと民謡にフラフラになった。親父がハワイアンのバンドマンだったので興味を持ってからは身体の芯が疼くまで一瞬だった。

フェラクティやキング・サニー・アデ、江州音頭やファニア・オール・スターズにカルトーラ、どの音楽も俺をハードリカーに走らせたし周りにもこの辺の音楽が溢れていた。

音楽だけではなく触れてきたものの触感や見てきたものや飲み食いしてきたもの、会ってきてやり取りしてきたものなどがミノムシのミノを形成する葉のように重なりひっついて俺自身が出来ているのだと思う。蓑に覆われたソルロンタンなのだ。さあ今夜もミノになる葉を探し、そして紡ぎに行こう。

他にお客様がいないときはレコードのリクエストをしてしまう。さすがにいい音がする

ビートル momo

木屋町の立誠小学校の向かいにあった伝説のバー［バー・フランボー］がなくなってせつないなあと思っていたら同じ場所に、泣かせるレコードをかけるバーが出来たので助かった。［バー・フランボー］の頃は80近くになった粋なママと窓から夕焼けを背にした立誠小学校を見ながら宵の口からよく飲んだ。来られているお客様も音楽好きで飲み方に年季の入った方が多く、俺はずっと「若いの」だった。その場所を引き継いだこの店も幅広いジャンルの渋いレコードをかけるがさすがにエンニオ・モリコーネを聴いてグラスを握って泣く爺様はおられない。
マスターは静かでやさしくて我々に沿ってタンタンと飲ませてくれるのでとてもありがたい。ロックでもジャズでも聴かせてくれるが、俺の場合十代の頃に流行った日本のレコードをリクエストしてしまう。この夜はなぜか桑名正博をかけてもらった。南佳孝も大滝詠一も宇崎竜童も山下達郎も杏里までかけてもらった。そしてボトルはまた空になった。

●京都市中京区下樵木町204 啓和ビル
☎ 075-254-8108
15:00～翌1:00　水曜休　地図P174

ステージ側から盛り上がっているときの光景を見るとライブハウスがいかにシアワセな場所なのかがよくわかる

Live Special

京都には拾得と磔磔がある。

〈大宮下立売〉

拾得

大人という字はダサい。

古い仲間達と飲んでいた時に「そやけどライブもやっている店はええなあ」と俺が言うと、何人かの奴が意外なことをいうなあという顔をして俺を見た。

ライブハウスに行っていた俺は、いつの頃からかライブもある店に行くようになっていた。上等の酒やそこそこの料理もあってクロークもあるようなところに行っていたら冒頭の「ライブもある店っていいよな」になったのだ。

いつから俺はそんな大人になったのだ。「大人という字は大きい人と書くのねー」と日吉ミミいや違うアン真理子が歌いそうだ。日吉ミミは「恋人にふられーたの」だった。

ライブを店の料理や内装やサービスと同じように思うタイプの奴ではなかった俺もいつのまにかロックが錆びた。だからライブのことを店のおまけみたいな言い方になったのか。

ライブハウスに行けばいつも何かが起こった。店を出るとライブ以外のことは何も覚えてないことが多かった。ライブのさなかに気づくことも多く、忘れるのでメモをしたいが、それを許してもらえないのがライブハウスだ。それでもメモを取ることが出来るのはそこと違う世界の奴なんだろうか。

少し前に京都のライブハウスの老舗「拾得《じゅっとく》」で「ウエストポーチ」というバンドのライブがあった。

戦友でもある大西ユカリも特別出演するというので久しぶりに「拾得」へ行くと四十代五十代で満タン。酒のピッチも極めて早い。そんな中でキレキレのR&B、熱くソウルフルなバンドと歌が高いレベルで炸裂。もう「拾得」は枯れたホットドーム。ゴキゲンが満開の最高の夜だった。

こんなことが世の中のどこかで毎晩あるはずなのに俺はいったい何をしていたんだ。それをもっと伝えなくていいのか。便利で快適なところばかり行っていたらそこにはたどり着けなくなってしまうと思う。大人という字はダサい。そう思う。

[拾得] が京都というか日本の音楽シーンというより音楽好きの人々に与えた影響はとても大きいと思う。今行くべき

拾得

●京都市上京区大宮通下立売下る
菱屋町 815
☎ 075-841-1691
17:30 ～ 22:00　無休　地図 P176

〈四条佛光寺〉礫礫

ライブハウスには生きる源泉がある。

撮影したこの日に仲間がどこに行くのと聞くので、[礫礫] にホトケさんに会いに行くねんと答えると、そいつが入道さんは？と言った

「もうチョットだけ音を大きくしてもらえへんかなぁ」ということを少し酔えばどこの店でもついつい言ってしまう。大抵はほんの一ミリほどボリュームを上げてくれておしまいだがそれでもとてもうれしくなるアホなおっさんだ。

かかっている音楽がリッキーなロックでも耳なジャズでも日本のロックでもフォークでも歌謡曲でもそう言ってしまうことが多い。また、その店で好きな曲がたまたまかかっていたからという時もあるし、たまたま流れていた曲に一目惚れして音を大きくしてほしいとお願いするときもある。

思えば、ミュージシャンの親父から楽器をやりなさい的な洗脳を子供ながらに拒絶したのは、誕生日もクリスマスもプレゼントといえば楽器だったということだけは

なく、親父のバンド仲間が家にやって来て飲みながら話していることのエッチな感じが純真な子供の俺を音楽から遠ざけた。

しかし中学に入ると音楽に夢中になった。そうさせたのは音楽そのものと音楽が一緒に運んでくる新しいものや未知なものだった。

結局、小学生の頃は見るのも嫌だったギターの練習をし始めたし、歌詞に吸い込まれバンドや歌手に引き込まれた。そうこうしているうちにどんな音楽でも食べて吠える青年になっていた。

新しいものや食べ方もわからないような音楽に触れると特に反応した。ハタチ前後の頃にはどんなバンドか知らないまま先輩やツレに誘われて頻繁にライブハウスへ行けば偶然いいライブにたくさん出くわすことができた。

職場の近くに［礫礫］や［都雅都雅］などのライブハウスがあるので最近はその日のライブスケジュールも確認することなく時々ブラッと行くようになった。確認していたら好みのものしか行けなくなる。行きがかりじょうでいい

P145の写真は［礫礫《たくたく》］の壁一面に貼り付けられたお迎え看板（勝手に命名した）。信じられない瞬間がたくさんあったことが伝わってくるとともにこの看板によって守られている気がしてくる。まるでお寺の本堂に並べられた木像や書のようだ。

京都にはこんな場所があるのに行かないと本当にもったいない。さあ今夜もライブハウスへ行こう。

ライブハウス礫礫

●京都市下京区筋屋町 139-4
☎ 075-351-1321
17:00～22:00　無休　地図 P173

〈先斗町三条〉あだち

縁があって店と出会う、そしてはかなさを紡ぐ。

あだちの紋だけが抜きで入った情緒があって美しい暖簾。先斗町の夜に見事に溶け込んでいる

先斗町に「あだち」という店がある。初めてこの暖簾をくぐったのは三十年以上前。なにかの縁でここに入った。「あだち」はお茶屋だけれど俺はそんな付き合いはしたことがなく、店の一階にあるカウンターでいつも酒を飲ませてもらうだけだ。

夏は魚ぞうめんやおあげ焼でヒヤを飲み、寒くなれば土瓶蒸しかコッペ、コノワタで熱燗を飲む。ずっと店と俺のスタンスは変わらない。ひとりで行って二、三本酒を飲みご主人とちょっと世間話をして店を出るというシンプルな構図だ。

長いこと通っているので時代時代のいろんな人とも行った。東京から来た上等のお客様と行く時もあれば頭がだいぶイカれた勢いのある奴らをおとなしくさせるため

によくここに連れてきて飲んだ。

外国から来た人とも、毎日一緒に仕事をしている仲間と仕事のあと二人で話すような時にも行くし、女の人とも行った。そしてこの店を気に入ってそれからずっと通っている人もいればこの店で出会ってそれからずっとお付き合いさせていただいている人もいる。

たくさん店がある先斗町でなぜこの店と縁になったのかわからないが他の店と縁になっていればまた違う人生だったかもしれない。実に水っぽい話だけれどそんなものだと思う。

街や人や店や浮かんでは消えるフレーズが細い枝や糸くずのように絡まりもつれてきて今の俺があると思う。その中の一軒の店がなければ別の物語になっていたかもしれない。街も店もはかなくせつないものというのをこの歳になってようやく感じることができた。

暮らしていればいろんなことが起こる。消えてなくなり元に戻らないから足をバタバタさせて地団駄を踏みながら暖簾の向こうに逃げこんでいるのかもしれない。あー、というしかない。

あだちとあだちの肴。

過ぎゆく時間こそ最高の肴である。

ワンマンショーで飲んでいる時にその男や女が求めている酒の肴は、間違いなく「過ぎていく時間」だと思う。

その味や食材ではなく、酒飲みが求める時間が絡むように料理された日本の酒の肴は非常に文化洗練度の高いものが多い。

単に時間を費やすというものならひとり鍋だが、ひとり鍋は食えば腹が膨れて終了ハイお勘定となる。

しかし、このわた、酒盗、ウニ、へしこ、ホヤの塩辛、カラスミ、酸っぱい胡瓜や茄子の古漬は、少ない量だけどなかなか減らないし食っても腹の足しにならないので、それらの肴は飲む俺を見つめる相手となる。肴に人格が現れるのだ。

ヌルヌルのコノワタが俺を見る、ウニがヘソを曲げている、オレンジのホヤが俺に囁きかける、カニ味噌の濃厚さが暑苦しい、カラスミがもう少しゆっくりかじって欲しいと言い、胡瓜の古漬が体臭を染み込ませる。

文化度の高い酒の肴は、飲む男に対してとても面倒見がいいのと

辛い目の鮭の塩焼きはじっとあまり語らずじっと見つめてつまむべし。あれこれ頼まずこれにて二合飲もう

味わいが独特なので一晩に相手を出来るのはひと品かふた品。それ以上になると塩的にも財布的にもきついので、俺は珍味一晩二品限りと決めている。

問題はそのあとだ。色気たっぷりの肴のあとどうするか。財布のブレーキをかけながらも酒のアクセルは踏み込みたくなっている。そこで編み出したのが先斗町「あだち」の鮭の塩焼または笹カレイとなる。

「あだち」は先斗町のお茶屋が営むカウンター割烹。横着に行けるような店ではないのだが、三十年以上も通っていたらだんだん緩んできて何も食わず肴だけで飲むという横着をしてしまう。

開店の六時に渋い暖簾をくぐって酒を頼む。すぐに出てくる付き出しがいつも抜群に気が利いているのでそれが出てきてから頼むものを決める。いわば相手投手の初球を見てから打つ球を決めるというやつだ。付き出しがおしたしなら迷わずに鮭の塩焼きだ。まるで塩のような辛さと脂を含んでいてうまい。ほぐした鮭を米粒ぐらいずつつまんでさかずきの酒を繰り返し飲む。

「そうさ俺はやさぐれのものよ、刺身や寿司はガラじゃねえ」とこの店で言うと「どないしたんやバッキー、なんかあったんかいな」と笑われるだけなので目の前の杯と辛い鮭を交互に見つめて飲む。

実は、俺が営んでいる「立ち呑み 賀花《がばな》」(P90)の四番バッター「酒二合要す、極辛・鮭の塩焼」という一品は「あだち」のを真似したものだし、「先斗町 百練」

あだちの店内に貼られた「鴨川をどり」のポスター。お茶屋さんだけに舞妓さんや芸妓さんをよく見かける

昔のサントリーのウイスキーのボトル。好きなボトルなので今は別なウイスキーをこれに入れて飲んでいる

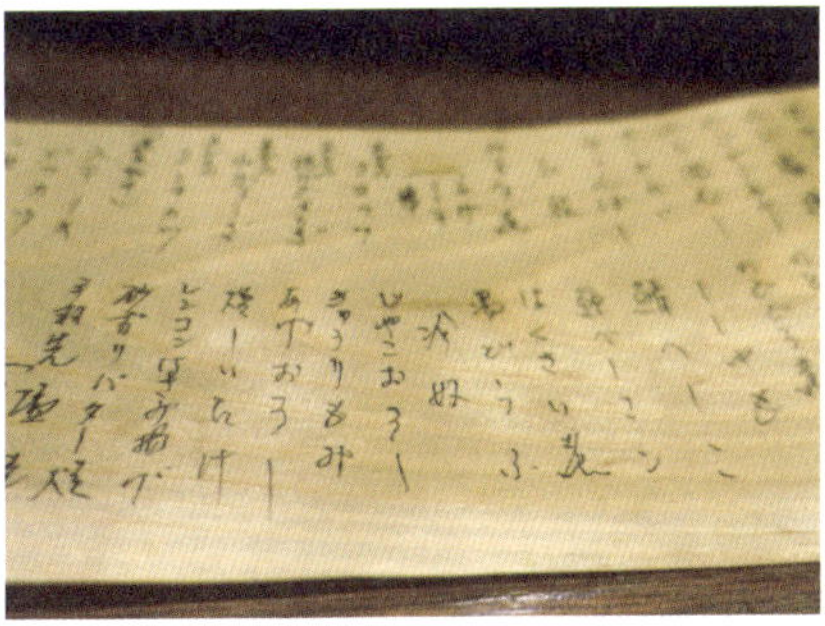

品書きを見て迷うこともなんだかあたたかくてシアワセな話。値段の表記がないとスパイ度がさらに上がる

（P165）の「京の水菜鍋」も真似をさせてもらったもので俺はいろいろこの店で酒場のことや街のことを学ばせてもらってきた。

ちょっとよそ行きの時は笹カレイだ。一番美味いのは焦げ気味のヒレや背ビレでこれだけで二杯は飲めて8分。片面の身で一杯5分、縁側と卵で7分、裏返した片身で5分、そして背骨まわりを掃除して5分の計30分の動かぬ酒の旅を笹カレイが作ってくれる。この旅は出来れば秋の入り口がおすすめだ。

さあ今夜もワンマンショーで肴をほじくる旅に出よう［あだち］という地平へ。それでいいと思う。

あだち

●京都市中京区先斗町通
三条下ル材木町 176
☎ 075-221-3857
18:00 ～ 23:00　火曜休　地図 P174

〈蛸薬師新京極〉

割烹 蛸八

酔うのは好きではない。好きなのは揺れる時空だ。

お顔を拝見しているだけで料理が美味しくなるかのようなご主人。まな板で仕事をされている時は渋い

熱燗は名前がないというようなことを書いたことがある。熱燗は徳利またはチロリに入れられて出てくる。そこには酒の銘柄の表記はない。

店に行って「俺の好きなあの銘柄の酒」を飲むのはつまらないことだ。

「俺の好きなあの酒」を求めるよりも「ここで飲むこの酒」に値打ちを感じる方が男前だし、「何という酒を飲んでいるかも知らん」というほどハンサムなものはない。

その店の杯《さかずき》でその店が使っている日本酒を適当にやる。またはええ加減にやる。そうすると前回来た時と何が同じで何が違うかを感じ取ることが出来る。前回と今回の時空が繋がるのだ。

酒と肴が鏡になって自分自身の違いもわかる。ご主人の違いもわかる。空気の揺れも流しの水の音もわかる。

そして一分が六十三秒になったり五十一秒になったり一時間が四十八分になったりするのがわかる。

そんな素敵なことが起こっている状況なのに、固有の銘柄の酒など求めていられない。もっと素敵なことが酒を飲む場所にはたくさんあるのだ。

「酒飲めば　おちょこのしたに輪ができる」という句を知ったのはいつだったかわからない。子供の頃だったのか二十歳頃だったのか、誰に聞いたのかどこかで見たのかわからないが、白木のカウンターで飲めばいつもこの句が出てくる。

そして「ポン酢とネギでドリブル人生」というのも出てくる。

「蓼食う虫も好きずき　蓼酢飲む

写真は薄造りをしてもらってネギと茗荷を多い目にいただきエンドレスポン酢をやっている図。白木のカウンターにおちょこの輪が見える。うーむ、見事にわざとらしい

客俺ひとり」も出てくる。何だか酔っているようだな。酔うのは好きではない。好きなのは揺れなのだ。繋がる時空なのだ。

そしてその時空を一緒にいつも道中してくれる、塩と生臭さと焦げた骨やヒレが俺は好きなのだ。決して酒が主役ではないのである。主役は揺れである。あー、というしかない。

割烹 蛸八

魚も焼き物も酢の物も小鉢系も「あー」と必ずため息が出るほど。煮物のおつゆも酢の物の酢も全部飲み干してしまう。カウンター10席ほどの店なので繊細な気は張っておきたい。存在だけで嬉しくなる主人と美しい女将さん。この店は街の宝である。

●京都市中京区蛸薬師新京極西入ル北側
☎ 075-231-2995
18:00～23:00　日曜休　地図 P173

〈先斗町三条〉

五六八

『硬派 銀二郎』で飲める店。
おおきにごろはちさん。

ここに来ると自分が店に何を求めているのかがよくわかる。求めるものがない店ほど居心地がいい

この店の定番中の定番である鯖の塩焼き。脂がのっていてビールにも酒にもよく合うし手間がたのしい

ごくシンプルな目玉焼きを見るとなんだかとても救われた気がするのは俺だけではないと思う

雨が降っていたり夜の濃淡によって思い浮かべる店は違うけれど、それよりもその時一緒にいる相手によって行きたくなる店は決定づけられると思う。

といってもそんなに多くの店は知らないけれど生まれてから京都の街だけで約六十年暮らしてきたので昔からある店には馴染みのあるところがとても多い。

この日は、京都と東京を拠点に独特な本作りをやり続け、各方面から注目されている出版社を牽引する男と三条大橋の近くで夕方に会った。中世のヨーロッパからタイムスリップしてやって来た騎士のような彼の顔を見て、すぐに一緒に行きたくなったのが先斗町の北のどんつきにある「五六八《ごろはち》」という店だ。

看板や暖簾には「お茶漬の店」と描かれているが引き戸を開けると「あー、ここで飲みたい」と瞬時に思わせる独特な酒場の空気感が漂っている時間が止まったかのような居酒屋だ。

ずいぶん昔に何度か来ていたが少し前に久しぶりにここで飲んだ時、本棚に並んでいた古い単行本の漫画の背表紙を見て時空が歪み、飲んでいた俺の顔も歪んだ。

手塚治虫の『上を下へのジレッタ』、白土三平『サスケ』、本宮ひろ志『硬派銀二郎』『俺の空』が並んでいたのだ。全部俺のど真ん中だ。そして壁に貼られた品書きを見れば鯖の味噌煮、肉じゃが、目玉焼きというこれまた好きなおかずのど真ん中が並んでいた。

それからひとりでよく飲みに行くようになった。漫画はひとりでないと読めないからだ。けれども

壁に貼られた品書きは書かれた時期がそれぞれ違うのだろう。それもまたたのしい

この店を誰かに伝えたくてウズウズしていた。そんな時に絶好の人物が現れたというわけだ。

この日も強烈に酒がうまくなり酒場が大いに輝いた。

「五六八」さんありがとう。おかげさまで本当に助かりました。

明日は手塚治虫の『上を下へのジレッタ』を読みながら飲ませてもらいます。京都はおもしろい。

五六八

「昭和38年（1963）に開業した時はもう少し上等やったんやで」とご主人が笑う。この店は多くの街の黒帯の方から愛されている。目玉焼きと鯖の塩焼きと漬物を肴にしてこの店で酒を飲んでいるとチョット俺も年季が入ったなと思う。それは正解だ。

●京都市中京区先斗町三条下ル石屋町 126-2
☎ 075-221-4403
18:00 ～ 23:00　日･祝休　地図 P174

お昼の定食ファンも多いので居酒屋というべきか食堂というべきかわからないが［富久家］は味もおかみさんも空気も優しい店だ

〈裏寺町六角〉

居酒屋 富久家

入れなかった店があるシアワセ。

京都以外で暮らしたことがなく、子供の頃から繁華街を走りまわり、若い頃から街のさまざまな店に行き始め、時代も店も変わっていく中で長く同じことをやってきた俺が、二十年以上もその存在が気になりながらどうしても暖簾をくぐれなかった店がある。

二十代や三十代前半の頃はどこでも行ってやろうと思っていたので、縁がなくてもその店がどんな店か全く知らなくても扉を開けてみてなんとなくいけそうなら適当に飲んでいた時もあったし、街に出て誰も全く知らない店に飛び込んで飲むということが仕事な時もあった。その頃はもちろん食べログもネットもなかったし、何の情報も縁もない店の扉を勘で開けていって気になったところで飲むというミッションだった。そうこう

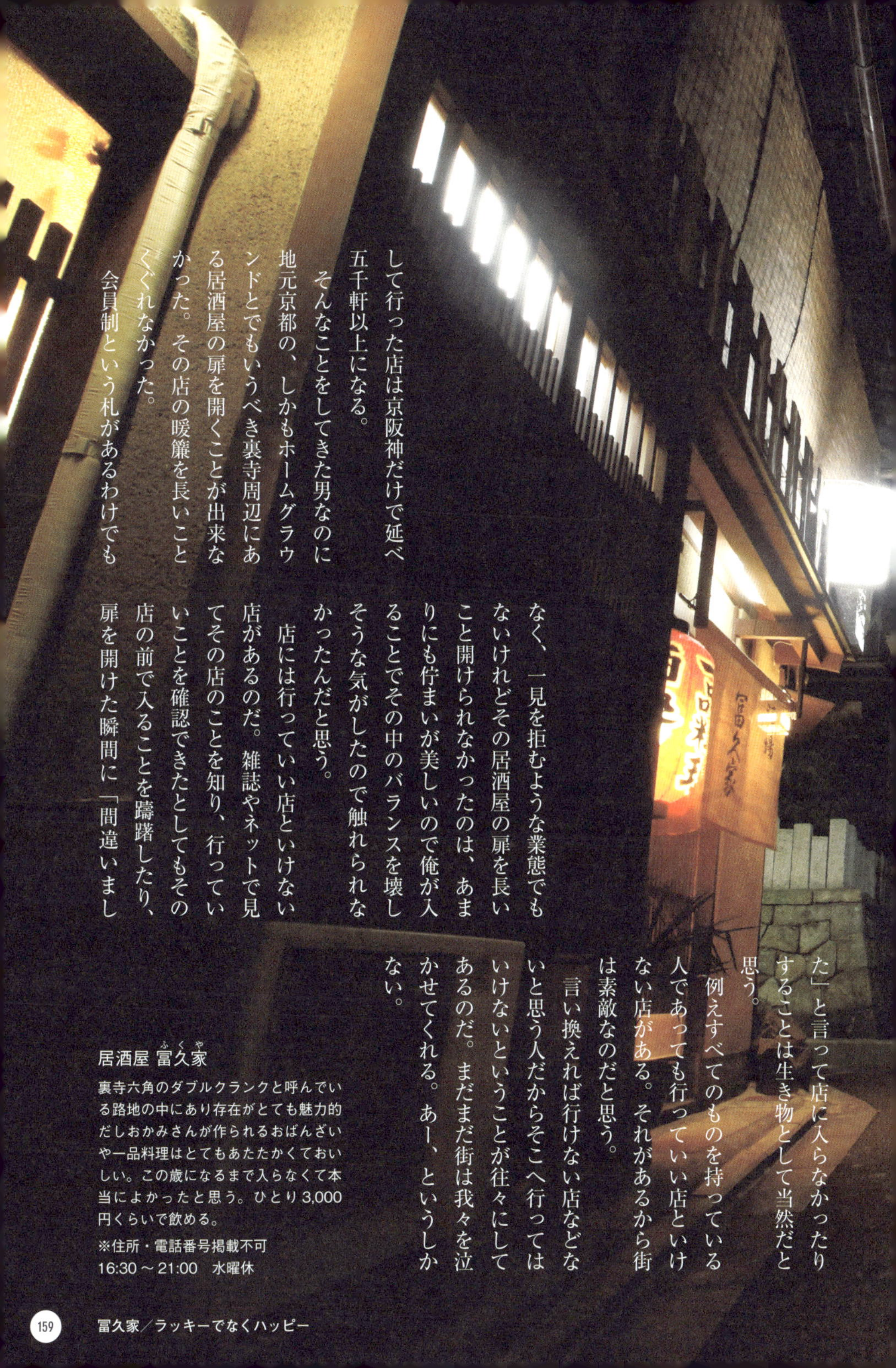

して行った店は京阪神だけで延べ五千軒以上になる。

そんなことをしてきた男なのに地元京都の、しかもホームグラウンドとでもいうべき裏寺周辺にある居酒屋の扉を開くことが出来なかった。その店の暖簾を長いことくぐれなかった。

会員制という札があるわけでもなく、一見を拒むような業態でもないけれどその居酒屋の扉を長いこと開けられなかったのは、あまりにも佇まいが美しいので俺が入ることでその中のバランスを壊しそうな気がしたので触れられなかったんだと思う。

店には行っていい店といけない店があるのだ。雑誌やネットで見てその店のことを知り、行っていいことを確認できたとしてもその店の前で入ることを躊躇したり、扉を開けた瞬間に「間違いました」と言って店に入らなかったりすることは生き物として当然だと思う。

例えすべてのものを持っている人であっても行っていい店といけない店がある。それがあるから街は素敵なのだと思う。

言い換えれば行けない店などないと思う人だからそこへ行ってはいけないということが往々にしてあるのだ。まだまだ街は我々を泣かせてくれる。あー、というしかない。

居酒屋 冨久家《ふくや》

裏寺六角のダブルクランクと呼んでいる路地の中にあり存在がとても魅力的だしおかみさんが作られるおばんざいや一品料理はとてもあたたかくておいしい。この歳になるまで入らなくて本当によかったと思う。ひとり3,000円くらいで飲める。

※住所・電話番号掲載不可
16:30～21:00　水曜休

オンズのスタッフはみんな表情が抜群にいいのでついつい足が向いてしまう。この日は4時にドアを開けた

〈木屋町四条〉

ブラッスリー カフェ オンズ

エトランゼなんだから、泣くのも仕方ないだろう。

イヤになるぐらいケッタイなことが多い今日この頃の世間なので、バーでクールに飲んだり居酒屋でしかめっ面をして飲むよりも夕方からステップが軽やかになるような路面の店で美味しいパテとピクルスでワインをヒョイヒョイ飲む方が今の感じだと思っている。「何を飲むか、何処で飲むか、誰と飲むか」というのは酒や店の好みの問題だけではなく、世相や世間への思いや自身の現状をそこに投影してその場を俯瞰した時にセ

ンスがいいかどうかという酒呑みにとってはとても重要なことなのである。

またそれはその日その夜の人生そのものなので決して疎かには出来ないけれど、行く店のことや酒のことにこだわり過ぎると肩に力が入って絶妙の投球やいいスイングを出来なくなるので店・酒・人は生き物的なセンスに頼るしかない気がする。

政治や社会の出来事のことを居酒屋や立ち飲み屋で話すのはカッコ悪いしロクなことがないけれど最近は振ってこられたら行きがかりじょう正面から話すようにしているし、若い連中に伝えたいことがある時は仮初《かりそめ》の異国たとえば「ブラッスリーカフェ　オンズ」に連れて行って語る。

相手にもこちらにも逃げ道とい

パテという言い方がなかなか馴染めなかったがいつの間にかワインを頼むと同時にこの店では注文する

ブラッスリーのつまみは何も考えないで目に入ったものを頼むようにしている。その方が得をする

うか「もうええしワイン飲もうや」とかステップすれば靴音が鳴るフロアとか「エスプレッソ飲んでもう帰ろう」がある店にはとても助けられている。

この店が開店して間もない頃から平日の宵の口にいろんな奴と来て様々な話をしてきたけれど飲み過ぎてしまいフラフラになったことは何度かあってもこの店で後味の悪い思いをしたことは一度もない。それはきっとエトランゼでいようとする俺と「だって異国なんだから仕方ないでしょ」と微笑んでくれるスタッフとにパスが通っているからだと思う。

それにしても街の店は壊れかけた酒呑みにとって貴重だ。

高瀬川沿いの木屋町を下がるとこの店がある。川の近くにある店はそれだけでアドバンテージ

ブラッスリー カフェ オンズ

四条の木屋町を下がった高瀬川沿いにあるこの店は午後３時に開店する。ブラッスリー・カフェという表記だが俺はゴキゲンな酒場だとしか思っていない。

●京都市下京区木屋町通四条下ル斉藤町 125
☎ 075-351-0733
15:00 ～翌 1:00　無休　地図 P174

〈先斗町三条〉

ハッピー・スタンド

幸福ではなくシアワセ、ラッキーではなくハッピー。

少し前、よく行く酒場で飲んでいるとスパイ度の高い美人が「なんでバッキーさんはシアワセだけカタカナで書くの?」と鋭いことを聞いてきた。酒も強く目に力もあったので一拍おいて真剣に考え「なんか漢字で書くとサチな感じがするし、ひらがなで書くと形容詞的で固体な感じがしいひんのと、俺が書いているシアワセは出てきてすぐ消えたりするようなものやからカタカナにしてんねん」と答えた。

しばらく間があってワインを飲んでいたスパイ度の高い彼女はカウンターのグラスの上の方を指して「ふーん、この辺に飛んでる見えへん火の玉のようなシアワセのことやね」と、俺のややこしい説明をきれいにセンター前に打ち返したので目の前のグラスの上げ下げストロークが速くなった。

それにしても幸福のことはうまく伝えられない。それは人それぞれによって形や大きさも重さも変わるものに違いないのだけれど、それを前提とすれば幸福についてのことを伝えるのはますます難しい。

けれども酒場や街の中華料理店や洋食屋で浮かんでは消えるシアワセのことやそれを見つけた喜びについてはホイホイ書ける。そし

賑わっていることも多いがその中だからこそ静かに飲める。立っていれば適度に動くので実に飲みやすくなる

てホイホイ書いて三十年以上も経つと街に出るとどこを見ても「あ、これもシアワセ、あれもシアワセ」ということになり今では行こうとしていた店の扉に臨時休業の張り紙を見た瞬間にも残念というシアワセの火の玉が現れる。

先斗町の北のどん突きの正面に「ハッピー・スタンド」という店が最近出来た。店内は黄色で、飄々とした男女の若者達が応援してくれるこの新しい立ち飲み屋のおかげで引っかかる釘が街にまたひとつ増えた。

昔の「夜のヒットスタジオ」からアンドレ・リュウやソフィア・ローレンのイタリアン・マンボなどの映像や音が雑多に流れ、見えない火の玉のようなシアワセを感じるのか外国人旅行者もドンドン入ってくる。さあ今日もいろんな言葉を使うと見せかけて身振りと日本語と表情だけで様々な人達と話して飲もう。

先斗町の北のどん突きにこの光景がある。変なカタチのサインスタンドは「三方よし看板」と名付けられている

もはやどこの国かわからん状態である

ハッピー・スタンド

シアワセを最も具現化した食べ物はゆで卵だと思う。プユプユした食感や白と黄色の色彩。そしてどこにでもあり、そして安い。この店は老若男女の国内外の人をどんどん吸収しなんだか黄色の風船みたいになっている。ゆで卵のようだ。

●京都市中京区先斗町
三条下ル石屋町 111
☎ 075-744-0729
正午〜翌 1:00　無休　地図 P174

〈先斗町三条〉

先斗町 百練

先斗町にいる俺は誰なんだ。

鴨川の東側から先斗町側の床がある風景を見ると改めて凄い街だなと思う。歌舞練場の隣にある床が[百練]。9月末には床を撤去する

「百練」という居酒屋は日韓ワールドカップが行われた二〇〇二年に裏寺の「しのぶ会館別館」で開業した居酒屋。

昭和四十年頃まで「しのぶ湯」という銭湯だったところが酒場会館になり、一階に「万長酒場」（現「居酒屋たつみ」P20）が入り、二階から四階は七・八軒の小さな酒場で埋まった。

しかもその酒場の多くは男子専科いわゆる男性しか入れないバーや女装スナックや民族音楽バーなど文化度が高い店だった。

そんな裏寺の核というべき会館に十六年前、パリで教鞭を取っておられた家主さんと「居酒屋たつみ」での衝撃的な出逢いによって「百練」を俺が始めることになった。

昔からよく漬物屋を抜け出して

三条大橋からひとつ目の床なので風当たりが実に心地よい。日が落ちる前は北山や比叡山、東山の山々のグラデーションも美しい

冬は鍋料理で店内がホクホクになっていることが多い。すぐに出てくるおばんざい盛りが人気

百練特製の土瓶蒸し。上等の店は一番だしにハモと松茸だけだがこの店のは鶏も入って濃厚なので肴になる

喫茶店代わりに「たつみ」で一杯飲んで休憩していた。その日も千枚漬と熱燗でほっこりしていると「たつみ」のご主人が「バッキーさんこちらがこの会館の家主さん」と白いトレンチコートとソフトをかぶったまま立ってコップ酒を飲んでおられた紳士を紹介された。

カッコええ方やなと思いながら隣で飲んでいると少しずつ話すようになり気がつけば仕事の途中というのを忘れるほど二人で飲み、そのうちに「この二階に空いているところがあるので君が借りなさい。いや君が借りるべきだ」「はー？ 僕がですか」「いいからやりなさい。家賃は漬物でいいから」「俺がやったら自分で飲んでしまうしなあ」「なんでもいいじゃないかやれば」ということになって始まったのが裏寺の「百練」である。

客が少ないので当初は自分や親父やファミリーがヘビローテーションの客になりながら悪戦苦闘しつつ開業十六年になった。

そしてその「百練」が二年前に街の後輩の店を行きがかりじょう引き継いで始めたのが「先斗町百練」。

先斗町の歌舞練場の南隣の店で五月から九月末までは鴨川納涼床もあり居酒屋的に床を使えて酒呑みに受けている。

十月から四月はだいたいカウンターでお客さんのアテや酒の肴を作りながらというかチョットだけ飲みながら俺が働かせてもらっている。お客さんの相手をするのはほんとに楽しい。

これは裏寺の[百練]。独立研究者の森田真生さん（右から２人目）など意外な顔ぶれが自然に集うことが多い。まさに酒場の醍醐味だ。中京区裏寺町通四条上ル中之町 572 しのぶ会館 2F

[先斗町 百練]のカウンターでコックコートを着て仕事するふりをしている俺。もはやおじいである

先斗町 百練

先斗町のこの店は季節によって風情が大きく変わる。5月は恒例の鴨川をどりが隣の歌舞練場であり、昼から床で酒を飲む。真夏は遅がけの床でワインとブルスケッタ。秋と冬は京都の純米酒の熱燗と鍋料理。店を出れば雪の先斗町。酒が飲めて本当にシアワセだと思う。

●京都市中京区先斗町通
三条下ル下町 133-1
☎ 075-255-4755
17:00 ～ 23:00（L.O.22:30）　無休　地図 P174

KYOTO SPECIAL

俺が生まれた街と育った街。

京の台所と呼ばれる錦市場の入り口辺りで俺は生まれた。

町名こそ西魚屋町だが錦市場の外で大きな百貨店の真横だったので、魚屋町というより繁華街的で「よそ行き」的なところに家があった。

祖父が証券を扱う株屋を営んでいたらしくその株屋の店と兼用の家は鉄筋三階建ての洋館だったけれど、私が小学校に入る前に隣の百貨店に買われて引越しをしたのでその洋館での暮らしの記憶はあまりない。

ただ、三十年くらい前までその建物が残っていたのでその前を通った時に「いつかこの家を俺が儲けて買戻さなあかん」と二十代の俺は飲みながらツレやらによく言っていた。

小学校に入る頃に引越しをしたのは京都国立博物館の近く。

商店街ではないが賑やかな下町で、町内には荒物屋、本屋、和菓子屋、豆腐屋、散髪屋、写真館、八百屋、タイ焼屋、履物屋、かしわ屋、瓦屋、新聞屋、ミシン屋、時計屋、電気屋、駄菓子屋、自転車屋、うどん屋、銭湯、漬物屋、竹材屋、工具屋、酒屋、お好み焼屋、煙草屋があった。

わずか一つの町内にこれだけあったのだが、現在はほとんどの店がなくなりコンビニや飲食店になっている。専

錦市場の中ほどにある川魚専門店の[山元馬場商店]。店を切り盛りする若主人の笑顔が人を惹きつける

門店が減れば減るほど街暮らしの愉しさは減り、人が店に鍛えられないので街的スパイ度も下がっていくと思っているのでなんだかつまらない街になってしまった。

そういう私も成人して親元を出てから十年ほど都心型のマンションで暮らしていたので街をつまらなくさせたひとりでもある。ガラスのテーブルに車の鍵をじゃらんと置いてシャワーを浴びてジントニックを飲んで街を眺めて街を裏切った。

そんな暮らしを直感的に否定して平屋の借家を街中で探し始めて見つかったのが二十年前。

また縁があって錦市場。今度は鍛冶屋町だった。鰻の寝床の古い町家で傷んでいるところも多く、雨の日は便所へ行くのに傘をさしていた。お風呂も壊れていたので、これ幸いに毎日仕事が終わってから近所の銭湯に行った。

土用の丑の日の京都新聞の夕刊に毎年紹介されるのが錦市場［のとよ］のご主人が鰻を焼いている写真

老舗豆腐店［近喜商店］はまさに昔ながらの手作り。ここの絹ごしで湯豆腐をするとみんなに喜ばれる

毎日同じ時間に行けば同じ人が同じ場所で体を洗っている。風呂に入ってられる人の顔ぶれで「あー、もうそんな時間かいな」と時計を見なくても時間がわかる。会話もしないし名前さえ知らない人も多いけれど、同じ風呂に入っているということは一緒に暮らしているようなものだ。そう思うとお湯の温かさだけではないのが街の風呂屋なんだろう。

この職場と住まいを一緒にすることが出来た町家で暮らした十年間に気づかされたことは多い。

そしてとうとう職場も住まいも手狭になって、今また私は都心型のマンションで暮らしているのだが、物はできるだけ専門店で買い、風呂はほぼ毎日銭湯に行っている。

私の住まいは生き物としての住まいでありたいと思っている。

錦市場・寺町・新京極

四条河原町から裏寺を抜けて新京極から錦市場は昔からの京都の繁華街。いろいろ様変わりしたものの人を寄せる魅力は今も健在で、お年寄りから子供までみんなまとめて面倒見よう的なエリアだと思う。御池から北にもいい店は多いけれど今回はなぜか「ルシュルシュル」のみだった。

すき焼き キムラ（P112）

ルシュルシュル（P52）

京都サンボア バー（P82）

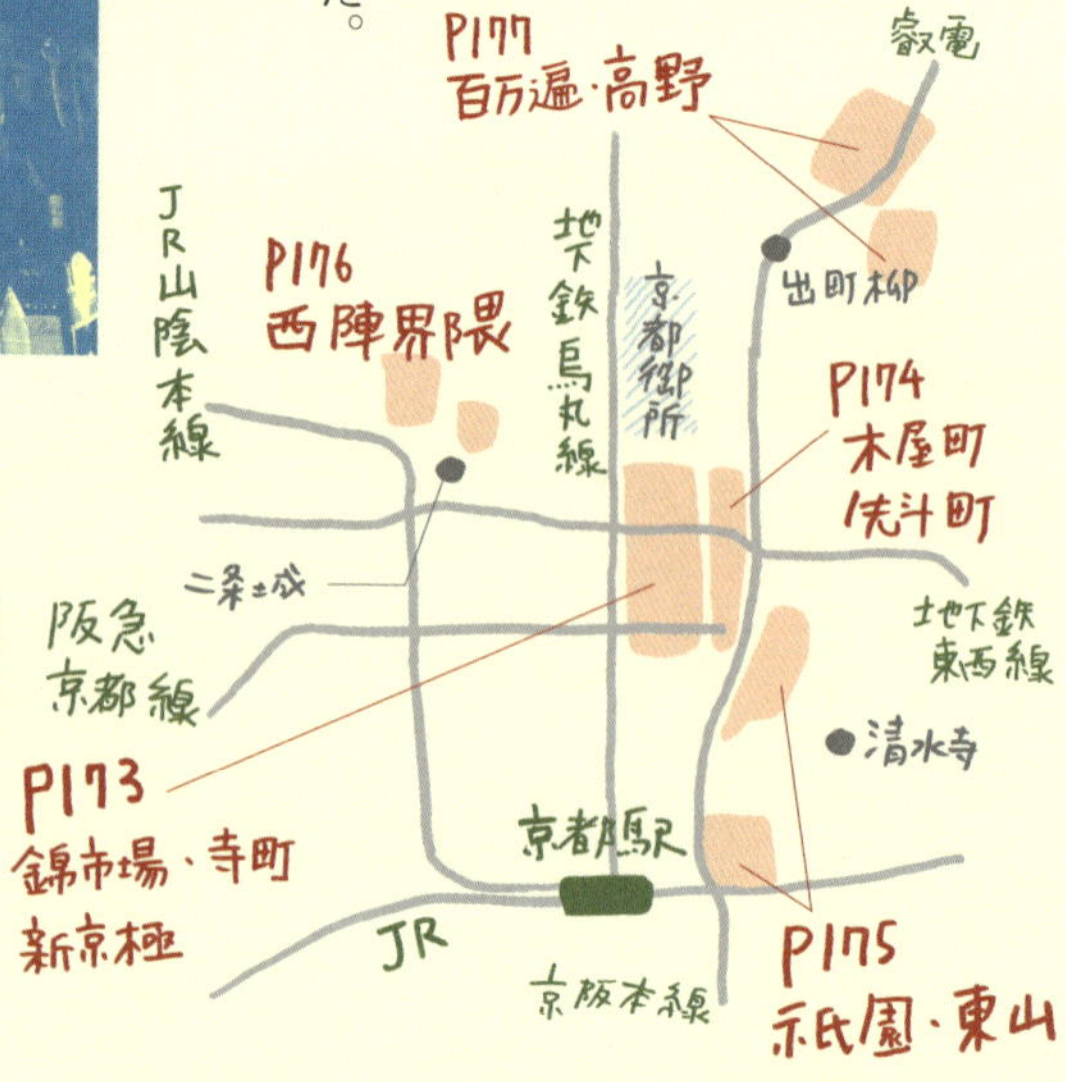

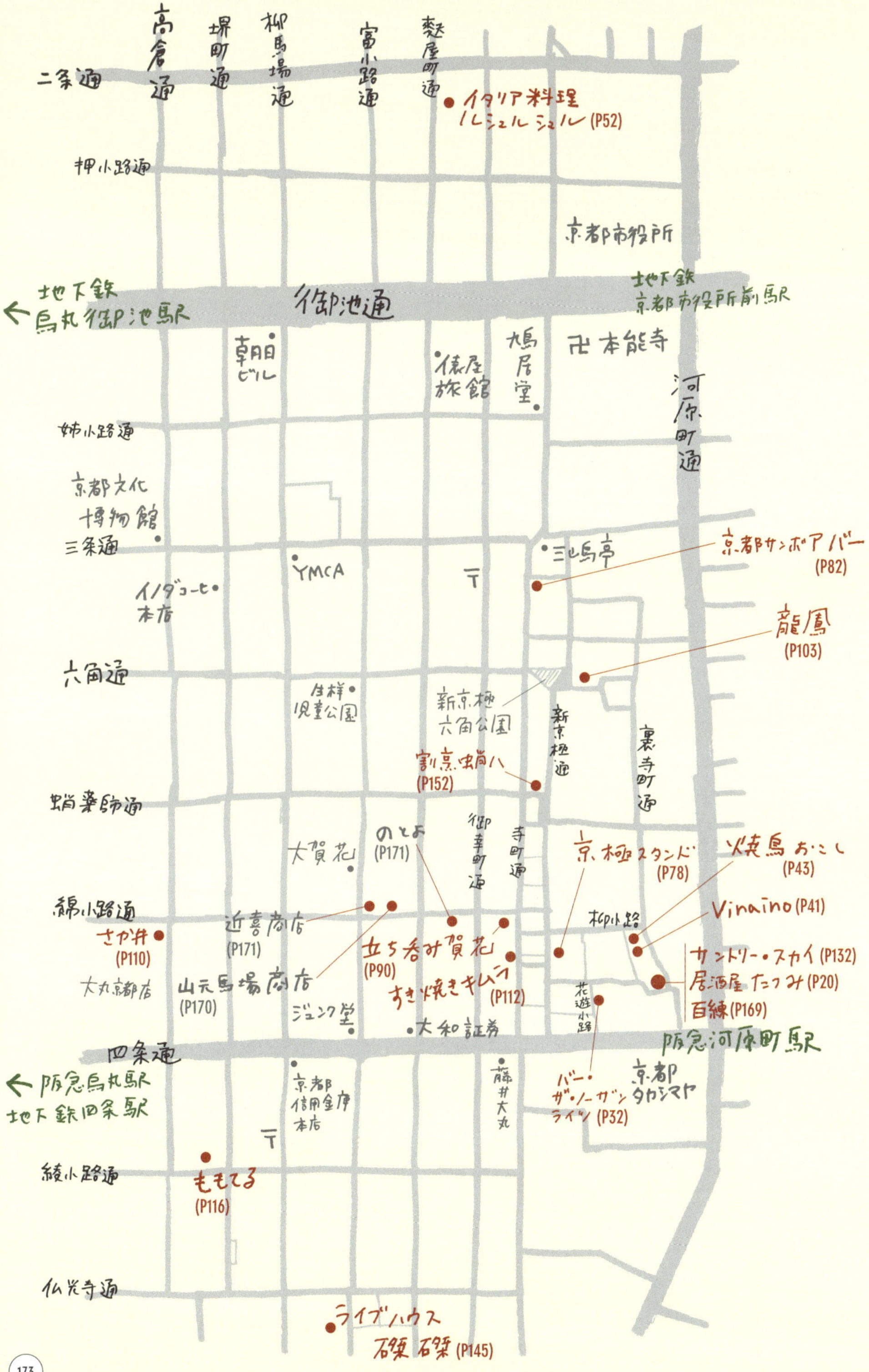

高倉通
堺町通
柳馬場通
富小路通
麩屋町通
二条通
イタリア料理 ルシュルシュル (P52)
押小路通
京都市役所
地下鉄 烏丸御池駅
御池通
地下鉄 京都市役所前駅
朝日ビル
俵屋旅館
鳩居堂
本能寺
河原町通
姉小路通
京都文化博物館
三条通
YMCA
三嶋亭
京都サンボアバー (P82)
イノダコーヒ本店
龍鳳 (P103)
六角通
生祥児童公園
新京極六角公園
新京極通
裏寺町通
割烹蛸八 (P152)
蛸薬師通
のとよ (P171)
大賀花
御幸町通
寺町通
京極スタンド (P78)
焼鳥おこし (P43)
錦小路通
近喜商店 (P171)
柳小路
Vinaino (P41)
さか井 (P110)
立ち呑み賀花 (P90)
サントリー・スカイ (P132)
居酒屋たつみ (P20)
百練 (P169)
大丸京都店
山元馬場商店 (P170)
すき焼きキムラ (P112)
花遊小路
ジュンク堂
大和証券
四条通
阪急河原町駅
阪急烏丸駅 地下鉄四条駅
京都信用金庫本店
藤井大丸
バー・ザ・ノーザンライツ (P32)
京都タカシマヤ
綾小路通
ももてる (P116)
仏光寺通
ライブハウス 磔磔 (P145)

木屋町・先斗町

鴨川の西側にある先斗町《ぽんとちょう》。高瀬川沿いにある木屋町と西木屋町。生き物は水場に集まるをまさに立証したかのようなエリアだ。木屋町を団栗橋辺りから北へ歩いて行くと四条・三条・御池と通りを越えるごとに風情が変化するのも素敵だ。御池から北は上木屋町。

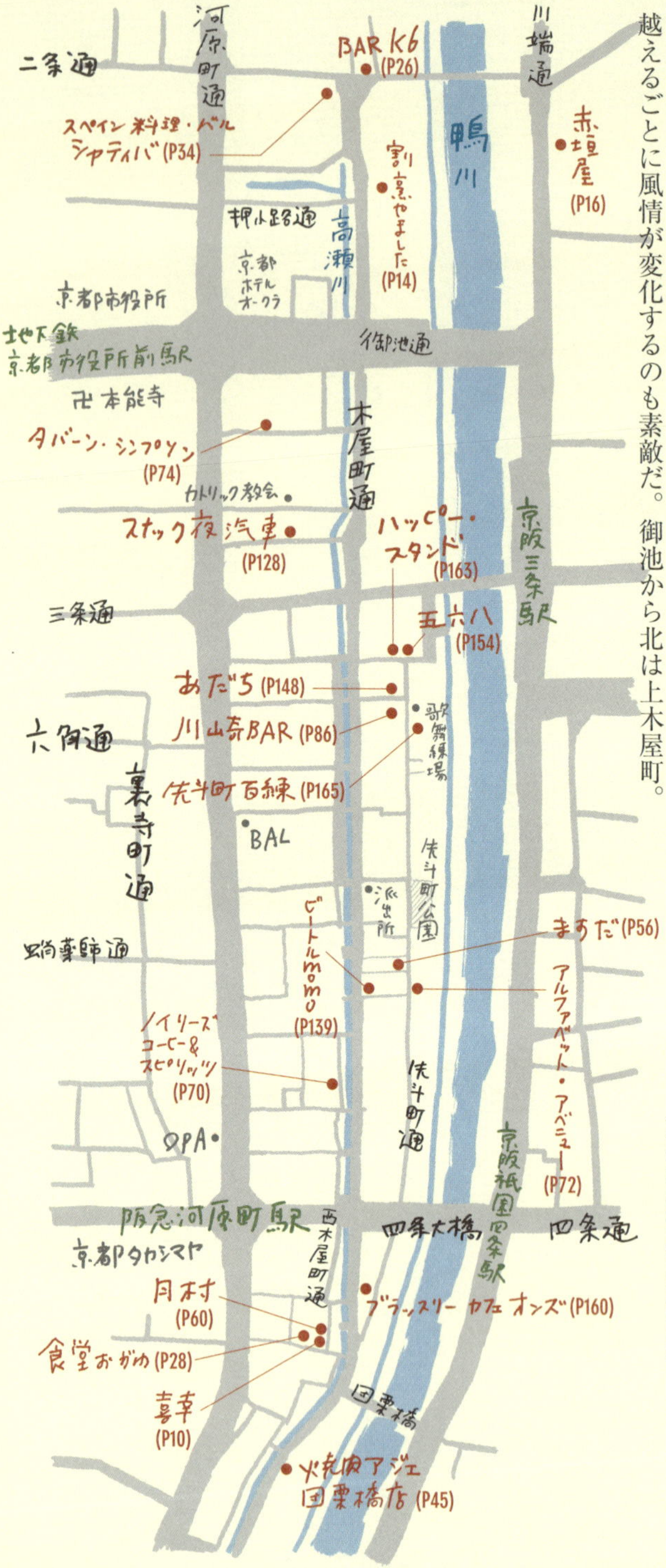

ノイリーズ コーヒー＆スピリッツ（P70）

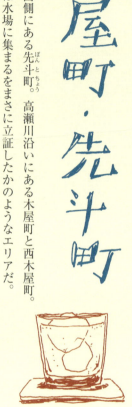

祇園・東山

祇園と蓮華王院（通称・三十三間堂）の南側までを同じエリアにするのは無理スジだが意外と歩いても楽しい。七条から京都国立博物館を横に見て豊国神社を経て五条を越え、ゑびす神社、建仁寺の中を通って花見小路に出ればザッツ祇園が広がる。

焼きそば専門店 おやじ（P48）

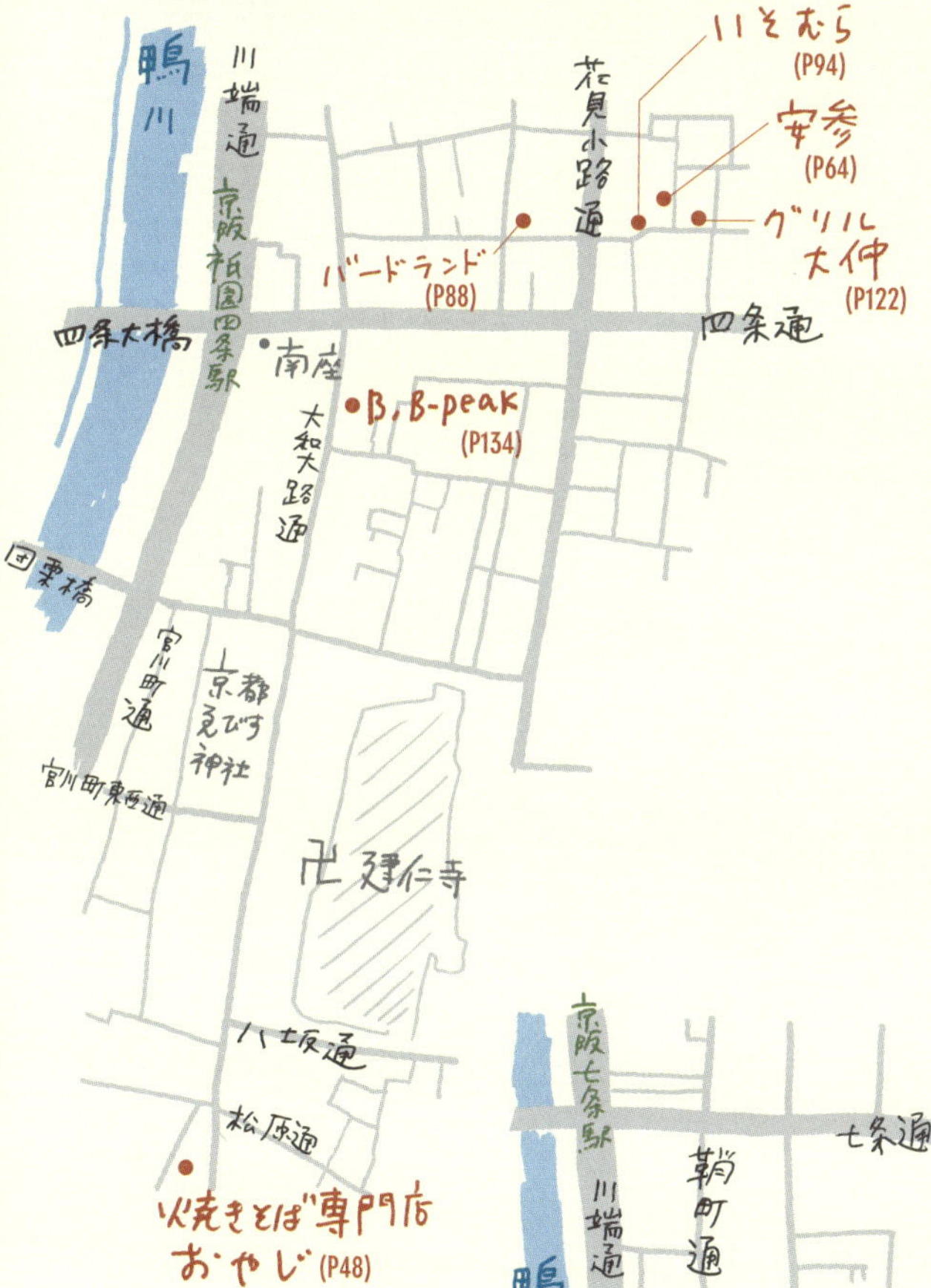

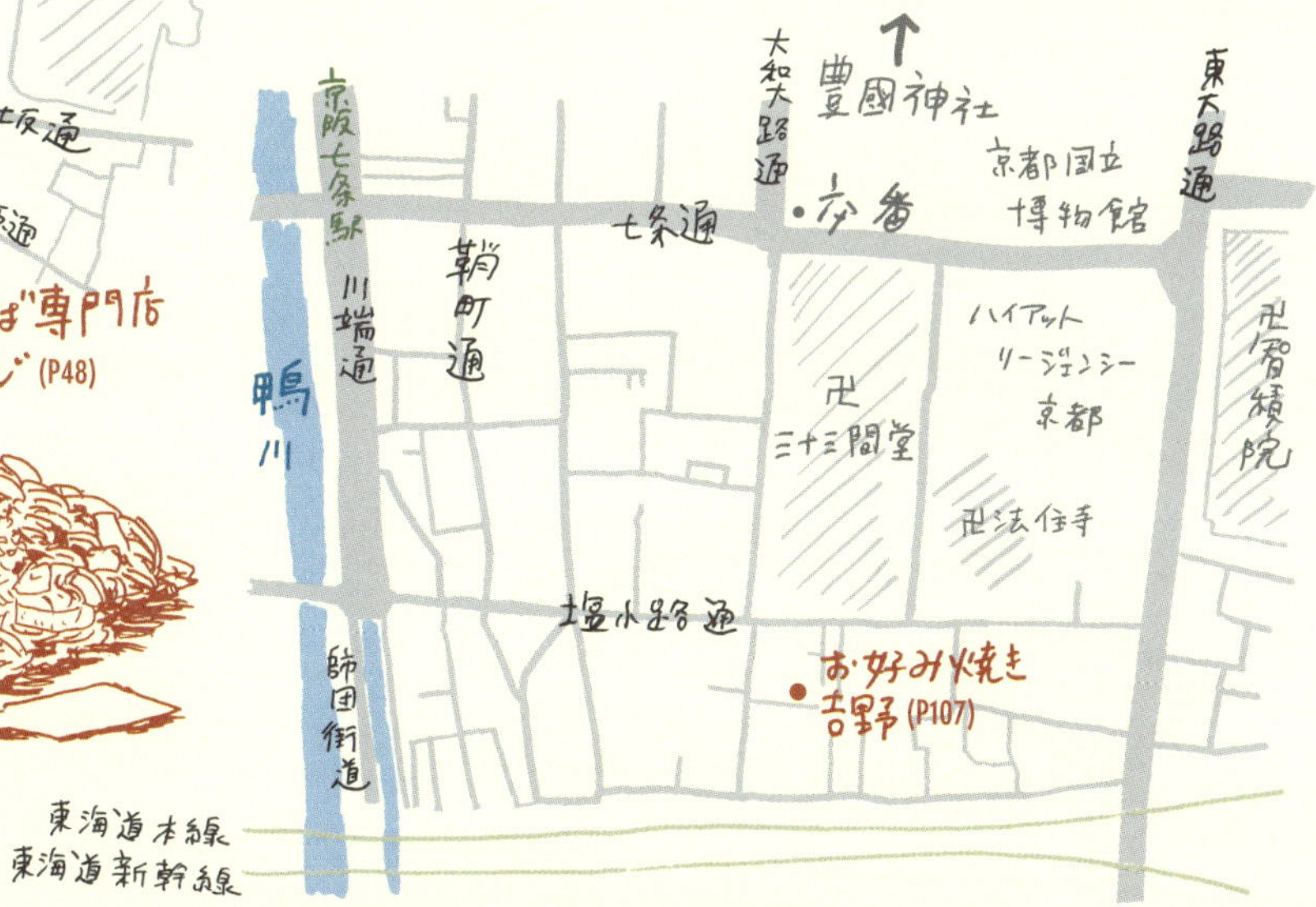

西陣界隈

千本の五番町辺りと「拾得」のある住宅エリアでは
風情が全く異なるけれど御所の西側はどこか同じ静けさがある。
「京都は御所以外みんな下町」と昔に書いたことがあるが
どこも全部同じだけれど町内ごとに微妙に違う風習があるようにも思う。
町内会に出ればよくわかる。

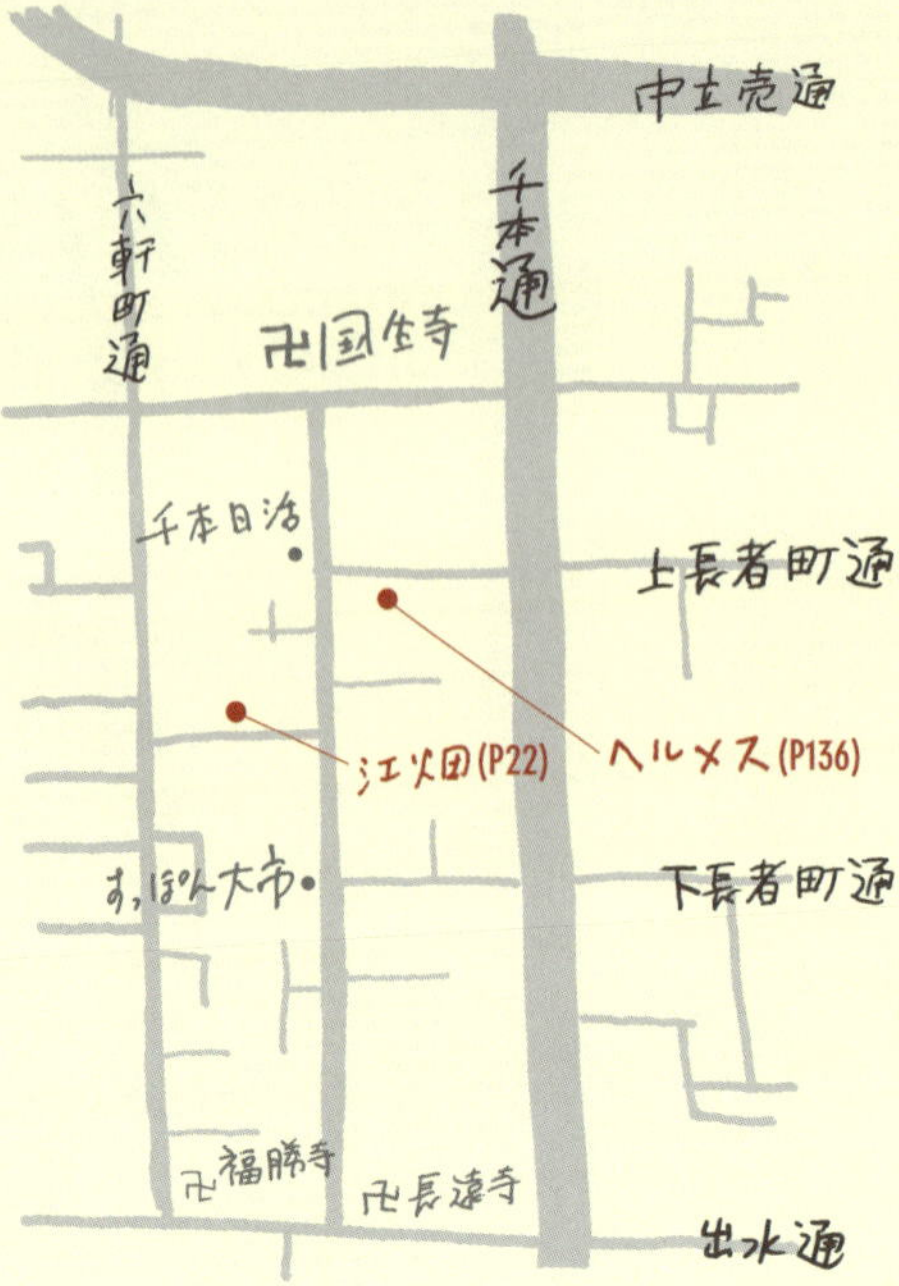

ヘルメス（P136）

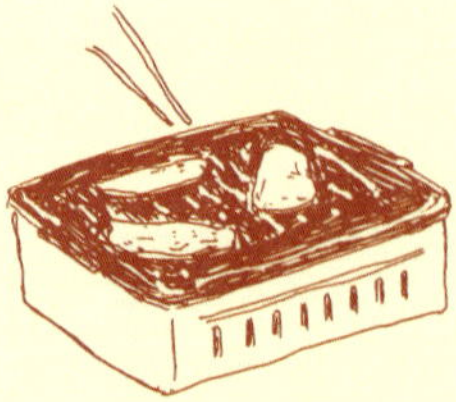

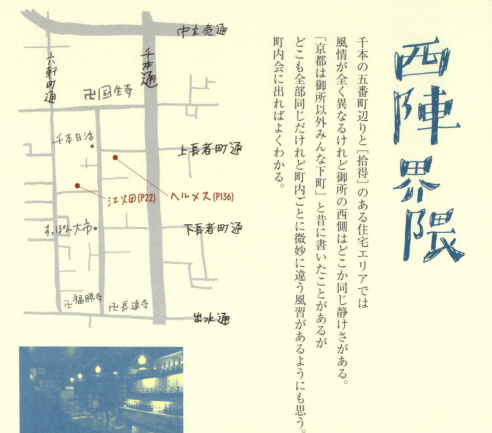

百万遍・高野

左京区は八瀬や大原、貴船や鞍馬まで入るのでとても広いけれど左京区はどこか芸術や文化の香りがするエリアだと思う。特に吉田山から京都大学、哲学の道から北白川を歩くとそう感じさせてくれる施設や建物や店が多い。中京区生まれの私は若い頃、左京区に憧れた。

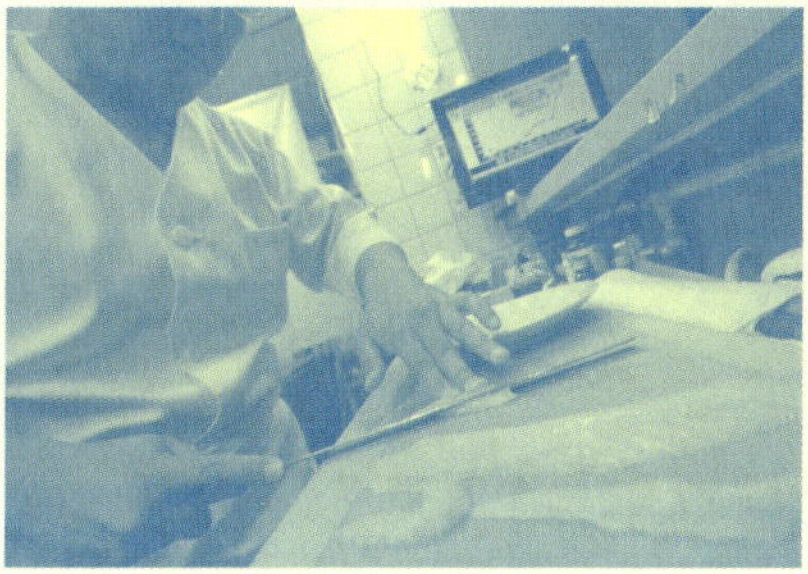

ひばなや（P120）

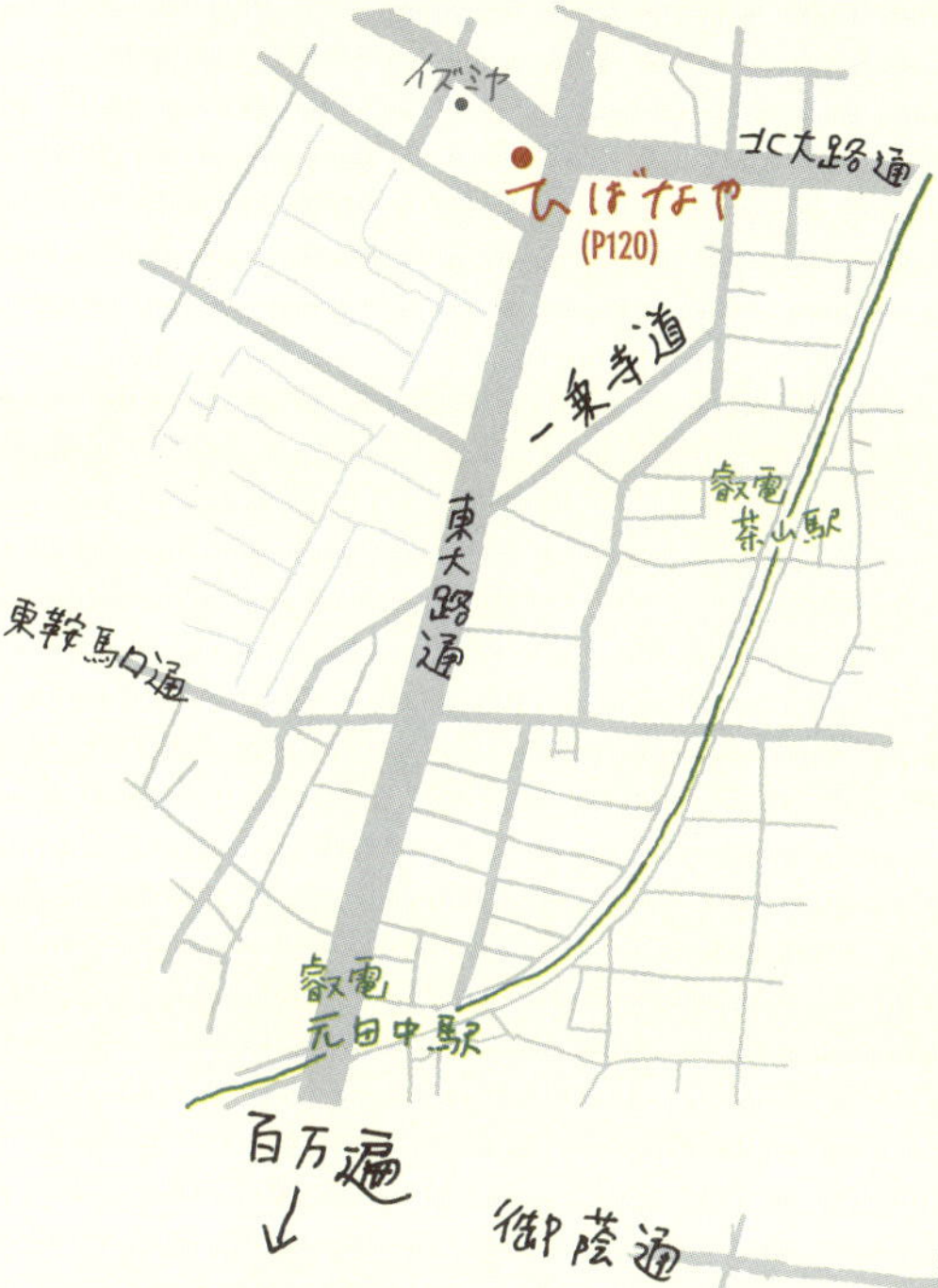

あとがき
～丸干し焦げ焦げの道は遠いからおもしろい。

この街のあちこちでずいぶん長いあいだ酒を飲んできた。十代の頃から激しく飲み始めてきたのでなかなか抜群のキャリアである。

素晴らしい成績を残してきた（勝手にそう思っているだけだが）そのキャリアについて誰も褒めてくれないけれど、俺は酒を飲んできたことでとてもたくさんの、何千何万のとても小さくて一瞬で消えるかのような店のそここに現れるシアワセに触れることが出来たと思っている。

それを改めて思うとこの京都という街で四十年以上飲んできてほんまによかったなと六十歳を前にして確信している。

酒そのものよりも酒がある場にいることが出来たことでいろんな場面が現れ、たくさんの人とも会うことが出来た。

極端に言えば今まで出会った人の半分以上は酒場で出逢った人だし、出会いが酒場でなくても行きがかりじょう一緒に酒を飲んだ人を含めると生涯でお目にかかった人の三分の二以上の人と酒を飲んできたように思う。

初めて会ったのが学校であっても職場でも仕事関係でもアウトドアでも塾でもジムでも一緒に行くところは酒のある場所だった。

別に俺は酒を飲まないと話せないわけでもないし、何かをする時に酒を飲まずにいられないタイプでもないが行くところにはなぜか必ず酒があった。

たぶん酒があるところにはいらんことが、というか不要なことが、無駄なことが、無用なことが現れる可能性が高いので、俺はそこに行くのだと思う。

酒のある場には、面倒な奴がいることもあるし自分自身の頭が面倒な働き方をする時もあるし、お金も減るし体を壊すかも知れないけれど、普通ならなかったことが起こったり、見えていなかったことが見えたり、許せなかったことが許せたりなどの錯覚的なズレが起こり生きる場が複数になる。

また酒のある場にはミノムシがミノを作るときの小枝や葉の小片がたくさん漂っているのでそれを酒という糸で紡ぎ合わせて自分自身にまとわりつけている。極端に言えば俺自身はそれで出来ているようなものだ。

街の店や人とも細い糸で俺というミノムシは繋がっているので一本二本切れても地面に落ちないし新しい店と出逢えばまた糸が増えて宙に浮く。

本文中でも書いたけれど「ラッキー」を求めたいけどそれはそうそう現れな

いが「ハッピー」はスタンスや構え方次第でバーでもうどん屋でも立ち飲み屋でも帰りの電車の中にも「ハッピー」は現れてくれる。

到達点や達成そのものが「ハッピー」ではなく、そこにたどり着く道中でも現れるし目的地とは違う場所にたどり着いた瞬間にも「ハッピー」は現れる。どこにもたどり着けなくてイヤになった帰り道の居酒屋でもヒョイと出てくることもあるし、風呂場で浮かんでいるときもあれば料理しているフライパンの中に現れるときもある。脱いだジャッケットのくたびれ方を見た時にも現れる。

この本は京都の好きな店のことだけを書かせてもらったものだが、実は店のことについての具体的な紹介をほとんどしていないのでいわゆる店紹介本ではない。

けれども読者の方が店に行かれるときのガイドブックになればいいなと欲深いけど思っている。

例えば「居酒屋たつみ」に行って「丸干しの焦げ焦げ」を注文してみて欲しい。たぶん少しだけ焦げた丸干しが出てくるので「あー、焦げ焦げにしてもらうにはやっぱり何年も通い続けなあかんねんや」と感じていただけると思う。

「月村」に釜飯を食べに行ってそれが出来上がる間のまったりとした長い時間

が酒飲みにとっていかに有り難い時間なのかを釜飯が炊ける匂いや音や湯気からそれをよくわかってもらえるはずだ。

通ってきた店があるから今までこの街でやってこられたということを今回原稿を書いていて何度も思ったし、いい仲間と仕事が出来たからこの本が出来上がったんだと思う。

取材に行った翌日に写真家の打田浩一さんから行った店の写真が届くと改めてその店の魅力に何度も驚いた。

一緒に店に行って私は店に没頭して酒やウイスキーを飲み、打田さんに「このこんなん書こおもてます」とだけ伝えるといつのまにか撮影は終わっていてそれからいつも二人で飲んだ。

打田さんの写真は瞬間の切り取り方と色が私には見えていなかったものでいつも本当に「あーこんなんやったんや」と感動させられた。

雑誌『dancyu』で担当していただいた前編集長の江部拓弥さんにはどんなボールもいい音を出してキャッチングしてもらったし、現在の編集長の植野広生さんにはスピンがきいた必殺の大好きな店ばかり書かせていただいた。

私がまだ水道屋の手元をしていた頃から憧れていた広告制作会社K２の長友啓《けい》典《すけ》さんの下で仕事をされていたデザイナーの中村健さんに装丁してもらった

ことも感慨深い。

そして１４０Ｂのみんなと仕事が出来てほんとにラッキーだしハッピーだと思う。

さあ今日も飲みに行こう。腕も折れよと上げ下げグラス。

『いっとかなあかん店 京都』掲載原稿初出一覧

p10 喜幸……dancyu 2018年2月号
p14 割烹 やました……dancyu 2013年7月号
p16 赤垣屋……dancyu 2017年2月号
p20 居酒屋たつみ……dancyu 2015年4月号
p22 江畑……dancyu 2017年12月号
p26 BAR K6……dancyu 2018年3月号
p28 食堂おがわ……書き下ろし
p32 バー ザ・ノーザンライツ……dancyu 2013年11月号
p34 スペイン料理・バル シャティバ……dancyu 2018年7月号
p38 閑話休題……毎日新聞夕刊 2015年10月27日
p41 Vinaino……書き下ろし
p43 焼鳥 おこし……書き下ろし
p45 焼肉 アジェ 団栗橋店……dancyu 2015年3月号
p48 焼きそば専門店 おやじ……dancyu 2016年12月号
p50 屋台せせり……dancyu 2017年4月号
p52 イタリア料理 ルシュルシュル……dancyu 2015年12月号
p56 ますだ……dancyu 2014年2月号
p60 月村……dancyu 2018年1月号
p64 安参……dancyu 2014年11月号
p68 あしたも飲むために その一「手元」……毎日新聞夕刊 2017年12月26日
p70 ノイリーズ コーヒー&スピリッツ……書き下ろし
p72 アルファベット・アベニュー……dancyu 2017年7月号
p74 タバーン・シンプソン……dancyu 2013年6月号
p78 京極スタンド……dancyu 2013年3月号
p82 京都サンボア バー……書き下ろし
p86 川崎バー……dancyu 2016年4月号
p88 バードランド……dancyu 2016年6月号
p90 立ち呑み 賀花……Meets Regional 2016年2月号
p94 バー いそむら……書き下ろし
p100 あしたも飲むために その二「生き物流」……書き下ろし
p103 龍鳳……dancyu 2016年5月号
p107 お好み焼き 吉野……dancyu 2014年5月号
p110 さか井……dancyu 2014年9月号
p112 すき焼き キムラ……dancyu 2013年5月号
p116 ももてる……dancyu 2018年11月号
p120 ひばなや……dancyu 2013年12月号
p122 グリル大仲……dancyu 2016年3月号
p126 あしたも飲むために その三「漬物屋」……書き下ろし
p128 スナック夜汽車……Hanako FOR MEN 2015年6月刊
p132 サントリー・スカイ……dancyu 2017年8月号
p134 B,B-peak……書き下ろし
p136 ヘルメス……dancyu 2014年4月号
p139 ビートル momo……書き下ろし
p142 拾得……dancyu 2014年12月号
p145 ライブハウス磔磔……dancyu 2016年9月号
p148 あだち……dancyu 2016年7月号
p152 割烹 蛸八……dancyu 2013年10月号
p154 五六八……dancyu 2018年6月号
p158 居酒屋 冨久家……dancyu 2015年2月号
p160 ブラッスリー カフェ オンズ……dancyu 2018年9月号
p163 ハッピー・スタンド……dancyu 2018年8月号
p165 先斗町 百練……書き下ろし
p170 俺が生まれた街と育った街。……毎日新聞夕刊 2015年2月24日

※dancyu＝同誌の連載「京の台所、錦市場からちょっと悩んでみた。それで自由になったのかい？」を大幅に加筆、修正。

バッキー井上
1959年京都市中京区生まれ。画家、踊り子などを経て、現在は錦市場の漬物店［錦・高倉屋］店主。日本初の酒場ライターとして雑誌『Meets Regional』（京阪神エルマガジン社）、『dancyu』（プレジデント社）などに京都の街・人・店について連載。真似のできないフレーズにファンが多い。著書に『京都 店特撰 –たとえあなたが行かなくとも店の明かりは灯ってる。』（140B）、『人生、行きがかりじょう – 全部ゆるしてゴキゲンに』（ミシマ社）など。

いっとかなあかん店 京都

2018年11月15日　初版発行

著　者　バッキー井上
発行人　中島 淳
発行所　株式会社140B（イチヨンマルビー）
〒530-0047 大阪市北区西天満2-6-8 堂島ビルヂング602号
電　話　06-6484-9677
ＦＡＸ　06-6484-9678
振　替　00990-5-299267
http://WWW.140b.jp/

印刷・製本　株式会社シナノパブリッシングプレス

ISBN978-4-903993-38-6